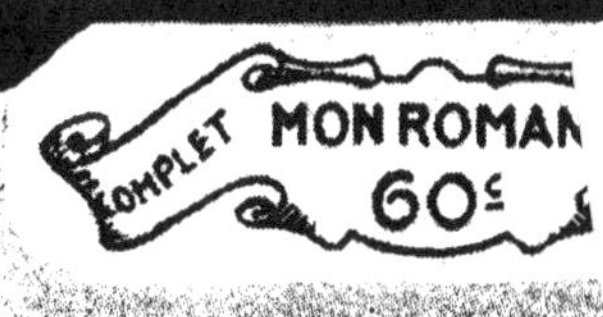

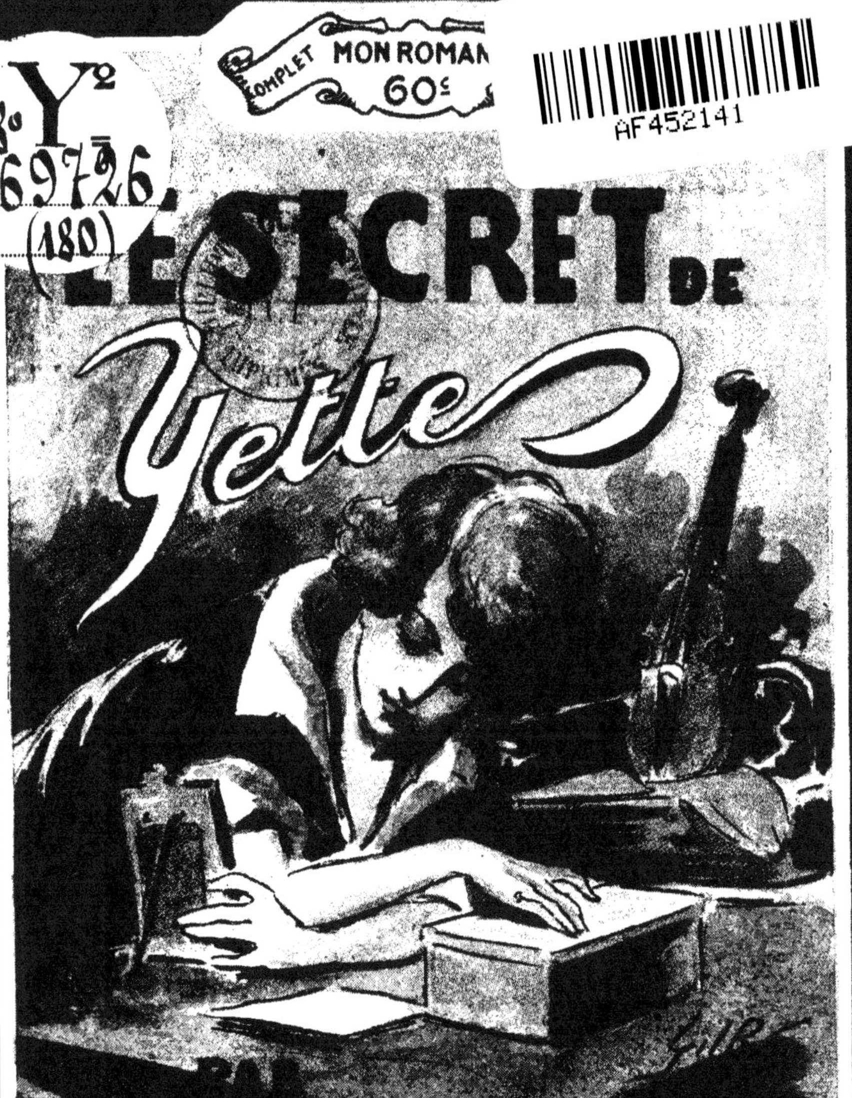
COMPLET MON ROMAN
60c
LE SECRET DE
Yette

F. ROUFF Editeur PARIS

LE SECRET DE YETTE

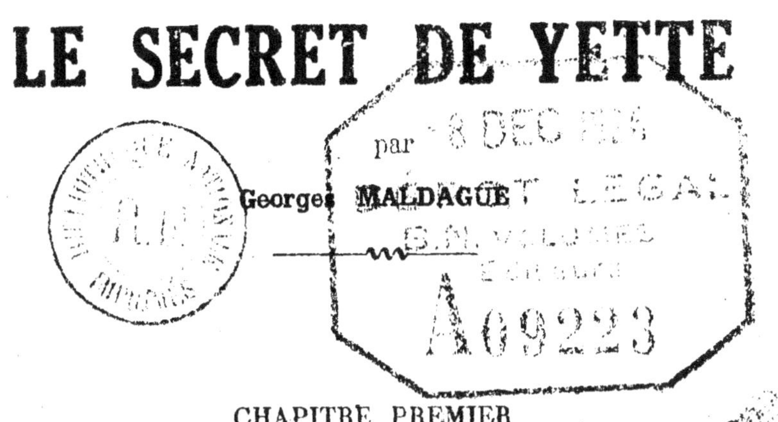

par

Georges MALDAGUE

CHAPITRE PREMIER

« Leçons de violon par une dame.
Trois francs le cachet. »

Jacques Debreuil avant d'entrer à la boulangerie qui tenait un des côtés du rez-de-chaussée de la maison où il avait sa chambre d'étudiant, au Quartier Latin, lisait cette annonce, rédigée sur un petit carré de papier blanc, estampé du timbre réglementaire :

— Trois francs le cachet, par le temps qui court, fit-il en prenant le petit pain qui constituait son premier déjeuner, tout en saluant la boulangère; si elle n'a que ses leçons pour vivre, la pauvre dame... à moins qu'elle n'en ait à la douzaine, elle ne mangera pas gras tous les jours.

— C'est mon gosse son premier élève, monsieur Jacques; elle l'a depuis huit jours... La mère et la fille n'habitent que depuis trois mois la maison, c'est la fille qui donne des leçons... Des personnes si distinguées... Des femmes qui ont dû avoir des revers...

F. ROUFF, ÉDITEUR. — 1926.

— Comment, cette jeune fille qui a l'air d'une enfant... C'est elle qui joue si bien du violon ?

— Ah ! vous trouvez qu'elle en joue bien... Alors j'ai bien fait de lui donner mon petit ?...

— C'est une virtuose... Je m'arrête quelquefois dans l'escalier pour écouter... Je crois que vous avez tout a fait raison.

Ce jour-là, après ses cours à l'Ecole de médecine, son repas au petit restaurant où il rencontrait les camarades, rentrant chez lui pour travailler, Jacques Dubreuil s'arrêta chez la concierge.

— C'est vrai, madame Espinet, que c'est cette petite jeune fille, ma voisine d'en face, qui joue si bien du violon ?

— Mais oui, c'est elle monsieur Jacques... Vous trouvez qu'elle joue si bien du violon ?

— Comme un ange ! madame Espinet.

— Vous allez en tomber amoureux !...

— Ma foi ! elle est joliment gentille.

Il répondait en souriant.

Mais tout rêveur, il monta ses cinq étages.

Sur le palier il s'arrêta.

La porte en face de la sienne, était celle de l'étroit logis qu'habitaient, la mère et la fille.

Fébrilement, il mit sa clé dans la serrure.

On sortait du petit logement derrière lui. Tout en ouvrant sa porte, il se retourna.

La jeune violoniste, très pâle, en cheveux, supplia :

— Ah ! monsieur ! monsieur ! j'allais descendre chercher la concierge... Mais vous êtes étudiant en médecine, je crois... Maman s'est trouvée malade tout d'un coup... une syncope... Oh ! monsieur, voulez-vous entrer... Je vous en supplie.

Il entra.

La mère, blanche comme un suaire, était assise près de la fenêtre, renversée en arrière.

— Vite, mademoiselle, vite, il faut l'étendre sur le

lit... la tête basse, vite... et de l'eau fraîche... lâchez
ses vêtements... Est-elle sujette à ces évanouissements ?

— Ma mère est très faible... mais je ne l'ai pas encore vue aussi malade...

Le futur médecin, palpait, auscultait.

Le pouls reprenait sa régularité ; les paupières s'entr'ouvrirent, le regard cherchant déjà l'enfant en larmes au pied du lit.

La voix basse, murmura :

— Ce n'est rien, Yette, ce n'est rien.

Et la pauvre bouche, livide, essaya un sourire.

Ce fut le premier contact, entre l'étudiant, Mme Vi-
viert et sa fille.

Au cours de l'hiver particulièrement dur, Jacques
entra quelquefois dans le petit logement.

Si l'on y sentait la gêne, on y sentait aussi la tristesse, cette détresse de l'âme qui peut marquer les
jeunes fronts.

Et celle de la mère et de la jeune fille, semblait
incurable.

Les deux femmes confectionnaient des petits ou-
vrages, pour les magasins, chiffonnaient des abat-
jours, tendaient des écrans, demeuraient penchées de
longues journées sur des métiers à tapisserie.

Les leçons de violon se bornaient à trois.

On n'avait guère confiance en ce professeur qui avait
dix-huit ans, et qui en paraissait quinze.

— Et vous dites qu'elle joue si bien, monsieur Jacques, répétait Mme Espinet, la brave concierge, ça leur
aiderait pourtant pour leur loyer, les leçons !

Elle ajoutait à l'occasion :

— Pour sûr, ces femmes-là, ont un secret dans leur
existence ! Jamais elles ne parlent du temps passé...
Elles ne sortent guère... par exemple, le premier dimanche de chaque mois, elles s'en vont toute la journée... Je me demande un peu où... Vous le savez peut-
être, vous, monsieur Jacques ?

— Ma foi ! non, madame Espinet... et je ne cherche pas à le savoir.

— Oh ! vous pensez, c'est manière de parler, les affaires des locataires, ça ne regarde par les concierges... et celles-là sont si gentilles... pour sûr, elles ont été riches.

Dans le courant de mars, la mère fut prise d'un refroidissement qui tout de suite devint une grippe infectieuse. Sur un sujet débilité, c'était la terminaison fatale.

Jacques amena un de ses maîtres qui fut impuissant à la sauver.

Le cinquième jour, Mme Viviers mourait.

Juliette — Yette — restait seule.

L'amitié de son voisin la sauva du suicide.

Puis l'amour unit leurs vingt ans.

Il ne fallait pas maintenant penser au mariage.

Jacques menait cette existence d'étudiant pauvre, qui consiste à travailler avec acharnement, en vue de l'avenir, et à donner pour manger et se vêtir, des répétitions.

Fils d'un professeur de sixième, dans un Lycée de province et l'aîné de quatre enfants, tenace en sa volonté de faire sa médecine, il débarquait à Paris, trois ans plus tôt.

Son père lui payait sa chambre et ses inscriptions. Sa mère, à force d'économie, lui envoyait de temps en temps un mandat de vingt francs, et il trouvait chez un ancien ami de sa famille, industriel à Paris, deux jeunes cancres, que le papa lui demandait de stimuler vigoureusement.

Les jeunes enfants prirent quelque goût au travail.

Ce résultat valut au répétiteur, quelques autres élèves.

Jacques vivait.

Ils vécurent eux deux Yette ; celle-ci continuant ses écrans et ses abat-jour.

Ils avaient porté leur nid ailleurs, une seule grande

chambre, aussi sous les toits, avec un recoin sombre, qui servait de cuisine.

Le violon n'était plus qu'un passe-temps agréable, lui, adorait la musique, Yette était une artiste.

Impossible de faire monter les élèves dans un ménage d'étudiants.

Impossible d'aller à domicile, sans références. Puis, les transports, coûteux, la perte de temps.

Ils étaient heureux ainsi.

La première atteinte au bonheur de Jacques, fut ce dimanche, à cette date du mois, dont lui parlait Mme Espinet, où elle partit, seule cette fois, pour une destination inconnue.

Il ne demanda rien.

Il le lui avait promis.

— C'est un vœu, lui disait-elle, la veille, j'ai juré à ma pauvre maman de l'accomplir quand elle n'y serait plus... et de ne jamais rien révéler... Je mourrais, mon Jacques, plutôt que de manquer à mon serment.

Elle l'avait bien embrassé.

De sa table où il travaillait, piochant son prochain examen, sans se lever, il se retourna.

Avant de tirer la porte sur elle, du bout des doigts, elle lui envoya encore un baiser.

Jacques n'eut pu y répondre.

Il sentait sa gorge se serrer, un picotement aux paupières.

A vingt ans, on pleure.

Yette vit les deux larmes qui jaillirent sur les joues pâlies.

Elle s'élança, lui noua ses bras au cou.

Il la repoussa.

— Tu ne m'aimes pas comme je t'aime, Yette... Je n'ai rien de caché pour toi...

— Moi, je ne t'aime pas ?... Tu sais bien que sans toi, j'aurais été rejoindre maman...

— L'amour ne va pas sans la confiance.

— C'est toi, qui n'as pas confiance... tu m'avais juré... et moi j'ai juré à maman...

— C'est vrai... Va... Tu seras là pour six heures ?

— Oui... pense que je n'ai que toi au monde... que tu es ma raison de vivre... Je t'assure, Jacques, je t'assure...

Cette fois, elle était partie.

Il y eut dans la chambre un sanglot.

Puis, courbé sur ses bouquins, Jacques « piocha ».

A six heures exactement, Juliette était rentrée.

Ce mystère, ces absences, n'étaient point encore prétexte à une souffrance profonde.

Ils s'en aimèrent mieux, ce soir-là.

Yette dormait toujours, quand Jacques se leva, pour recommencer à « piocher ».

Les examens de juin étaient proches.

Il ne devait pas en rater un, s'il voulait dans un an préparer sa thèse, et, être à même de se passer de l'aide de sa famille, si elle refusait de consentir à son mariage avec la chérie qui dormait là, si tranquille, si jolie.

Le mystère ?

Que lui importait !

Il entraînait Yette vers cet inconnu de l'amour où elle arrivait très pure.

Quelle inquiétude, ce passé qui intriguait l'homme, pouvait-elle apporter à l'amant ?

Son secret, elle le dirait d'elle-même; les lèvres se lassent de rester closes, elles crient tôt ou tard ce qu'elles ont tu.

Les lèvres de Yette s'ouvriraient.

— Oui, petite amie, petite chérie, tu parleras.

II

Ils formaient un groupe très fidèle.
Cinq copains qui se tenaient, sans se lâcher jamais :
Paul et André Laprée.
Jacques Debreuil.
Fernand Moritz.
Georges Bernet.
Deux ou trois camarades s'ajoutaient souvent à eux.
Ils ne devaient point venir ce jour-là.
Le rendez-vous, en sortant de l'Ecole de Droit, et
de l'Ecole de Médecine, c'était le Luxembourg, près de
la fontaine Médécis.
Dubreuil, les frères Laprée, Bernet, Moritz venaient
de se rejoindre.
Un tour de promenade, puis l'on s'en irait déjeuner,
les uns au restaurant, les autres chez le paternel, Jac-
ques Debreuil, en son logis, avec sa maîtresse, son
adorée, sa femme.
Il avait plu.
De la terre mouillée, des feuilles encore humides,
venait cette fraîcheur passagère qui suit l'orage.
Le groupe se mettait en mouvement, lorsque. Debreuil poussa une exclamation :
— Yette !
Par une allée latérale, elle arrivait, toute souriante
de la surprise qu'elle causait.
— J'ai été reporter ma dernière bande de tapisserie...
Alors comme je savais te rencontrer...
Elle avança son front, où il mit ses lèvres, tendit
la main à chacun des jeunes gens, causa avec eux cinq
minutes.
Puis, au bras de Jacques, bien serrés, leurs têtes

s'effleurant, ils disparurent par le sentier le plus étroit qu'ils purent trouver.

— Comme il fait bon, ma petite Yette.

Ils ralentirent le pas, s'embrassèrent et s'arrêtèrent.

— Un nid ! venait de clamer Yette, se haussant, contre un buisson.

Penchée par-dessus, très doucement, elle effaroucha pourtant, la famille d'oiselets.

— Viens voir, prends garde, les pauvres mignons.

Ils étaient six au moins, pas encore emplumés, avec des becs jaunes s'ouvrant démesurément au froissement des branches au-dessus du fragile abri, tandis que les yeux ronds entourés d'un imperceptible duvet, roulaient sous une légère raie.

— Jacques, si on les emportait !

Mais soudain, un vol éperdu au-dessus des deux amoureux, des cris stridents, tout le désespoir du père et de la mère, arrivant avec la pâture, et trouvant la progéniture en péril.

— Oh ! vite, allons-nous en !... Pourvu que des enfants ne les dénichent pas !... Au revoir, petits, nous reviendrons.

Ils repartirent, gagnant la zone animée de ce magnifique jardin qu'est le Luxembourg.

Des passants se retournaient pour les regarder.

Un groupe de jeunes gens, lança :

Saluez ! C'est l'Amour qui pa... a... a... asse...
Alleluia ! Oui, c'est l'Amour !

Ils n'entendaient point

Lui, la regardait.

Elle avait le visage d'une blancheur nacrée, avec un réseau bleu aux tempes, de jolis yeux de velours, des cheveux sombres très fins, partagés par une raie de côté, un peu ondés, le chignon bien serré, de petites bouclettes frissonnant sur la nuque.

Joliment proportionnée en sa taille menue, elle faisait auprès de lui, grand, mâle, énergique, l'effet d'un mièvre Saxe animé, qu'on briserait en le touchant.

Voilà, qu'en se retrouvant à la porte Medicis, le couple se heurta au groupe des camarades de tout à l'heure.

Avec Fernand Moritz, une grande fille appétissante, Odette, sa maîtresse, rieuse, cascadeuse, infidèle.

Entre eux, un perpétuel lâchage, et un perpétuel raccommodement.

Pour le moment, ils semblaient au mieux.

— Vous savez, madame Yette, déclara Odette, Fernand m'emmène aux vacances, chez son grand-père.

— Vous avez de la chance!

— Dame! faites comme moi!... Je suis sûre que si vous vous habillez en potache, Debreuil vous emmènera aussi.

— En potache!

— Je suis épatante, en homme, ma chère... Il me présentera comme un futur copain de l'Ecole de Médecine, et le grand père qui a à peu près cent ans, n'y verra que du feu.

Tout le monde s'esclaffa. Yette resta stupéfiée.

— Faut avoir du culot, dans la vie! jeta la grande fille dans un rire.

Puis pontifiant :

— Pour arriver au culot nécessaire, mon enfant, il faut pouvoir au moins griller un paquet de cigarettes par jour.

— Vous allez vous habiller en étudiant? interrogea Yette.

— En potache, je vous ai dit... en potache en vacances... Je ne suis pas encore fixée. A moins que je ne mette le béret d'étudiant... Hein! Fernand... il ne me va pas mal, ton béret?

— Il te va même très bien, beaucoup mieux qu'à moi. Pourtant... avec tes cheveux...

— Puisque je les coupe... la mode commence... je suis en retard...

— Mon grand-père a la vue mauvaise.. mais il y a Nanon.

— Allons, voilà que tu recules !

— Non, mais...

— Tu m'as dit qu'elle faisait tout ce que tu voulais, Nanon...

— C'est elle qui m'a élevé... j'étais orphelin, à cinq ans...

— Alors, Nanon, on s'asseoit dessus... Je la mettrai dans mon réticule...

— Tu verras, comme tu la mettras dans ton réticule...

— Eh bien, toi aussi, tu verras... Je verserai dans sa marotte... sur la bazoche... Ce notaire et l'avoué qui te ruinent... Mais... qu'est-ce que vous avez. madame Yette ?... Vous voilà toute blanche.

Yette mit la main sur son estomac, et sourit.

— J'ai faim... Je n'avais pas déjeuné ce matin, pour finir mon écran. .. Allons vite, Jacques, il est l'heure.

— Elle se tue au travail ! fit Jacques; je viens d'avoir une autre répétition. Elle pourrait pourtant se reposer un peu... Nous allons entrer au restaurant.

— J'aime mieux chez nous... c'est moins cher fit-elle pendant qu'il l'entraînait.

— Non... ce sera ta punition... méchante...

Et il l'embrassa dans le cou.

Le couple d'étudiants, qui les croisait tout à l'heure, parut encore.

Ils entendirent, derrière eux, appuyant sur les finales :

Saluez, c'est l'amour qui pa... a...a...asse
Alleluia ! oui c'est l'a...a...amour !

Fernand et Odette partaient d'un autre côté, discutant toujours à propos de la villégiature chez le grand'père.

Les étudiants reprenaient, les devançant :

Saluez, c'est l'amour qui pa...a...a...asse

— De la rengaine ! leur cria Odette. J'ai entendu chanter ça par ma grand'mère.

— Et moi par mon grand'père ! riposta l'un d'eux.

— Pour changer, toujours la même chose ! dit un autre, exécutant un pas de chahut; l'amour. c'est l'amour !

Le Luxembourg se vidait.

Toute cette jeunesse, tapageuse, laborieuse, folle, à part quelques étudiants qui se contentaient, en marchant dans les allées touffues, de dévorer un pain fourré de jambon, se retrouverait aux tables nombreuses des petites popotes du quartier Latin.

III

La question des vacances était pour Yette un gros souci.

La façon de l'agiter tout à l'heure sous les vieux arbres du vieux jardin cher aux étudiants d'autrefois et à ceux d'aujourd'hui l'amusait, ravivant son tourment.

Aux bras l'un de l'autre, ils descendaient le boulevard Saint-Michel, lui pensif, elle très triste.

Pour eux, ce mot : vacances, équivalait à celui de séparation.

Il fallait pourtant que Jacques allât voir sa famille...

Ce dernier sentait contre lui le resserrement furtif qu'il connaissait.

Les beaux yeux profonds, où il essayait parfois de trouver la révélation du secret, bien caché derrière le jeune front, venaient de se détourner des siens.

— Je t'ai promis, dit-il, de ne rester absent que quinze jours... Car c'est à cela que tu penses, hein ? à notre séparation.

— Oui...

— Quinze jours, ma chérie, qu'est-ce que c'est que quinze jours ?

— Et tu m'aimeras autant, au retour ?

— Non... je t'aimerai encore plus !

Une semaine passa.

Le lendemain était le jour fatidique, le *premier dimanche du mois*.

— Alors, dit Jacques le matin, tu vas t'en aller jusqu'au soir ?

— Oui.

Un court silence.

— Ton déjeuner est tout prêt, mon chéri... un déjeuner froid comme tu aimes... Je serai là à six heures.

Il partait pour une répétition; il ne se retourna pas.

Il ne l'avait pas embrassée.

Atterrée, puis énervée, fiévreuse, elle s'habilla et descendit mettant la clé chez la concierge...

. . . .

Jacques déjeune seul à cette table, où Yette lui a préparé son repas.

Il mange sans appétit, essayant d'écarter, avec l'évocation d'autres soucis, la réalité importune.

Sa maîtresse est partie.

Où ?...

Eh bien, que lui importe !... sa pensée va ailleurs, plus loin.

Cet été passé, l'automne venu, la rentrée...

Les répétitions seront-elles ce qu'elles étaient cet hiver ?

Yette, délicate, subissant mal la mauvaise saison, sera-t-elle obligée de courir par tous les temps, reporter son travail ?

Il voudrait tant pouvoir faire entrer dans leur petit ménage, tout le nécessaire !

Et, dans dix-huit mois, sa thèse passée, que fera-t-il ?

Où s'installer ?... Comment attendre la clientèle ?

Ses parent comptent qu'il se fixera chez eux, dans

la bonne vieille ville, où, connus, estimés, ils lui formeront de suite un noyau de clients.

On parle déjà de le marier, on a deux partis en vue.
Bientôt il faudra leur dire qu'il n'ira pas là-bas.

Il faudra leur apprendre — leur crainte incessante — qu'il a une liaison, une liaison qu'il ne rompra point.

Il faudra — car ils resteront irréductibles, son père du moins, — leur faire ce qu'on appelle : des sommations respectueuses.

Il en sera très malheureux, ayant pour eux une profonde affection, un grand respect.

Mais l'amour est plus fort que tout.

Jacques épousera sa pauvre petite, qui le fait tant souffrir.

Car il souffre...

Une torture !

Les coudes sur la table, les poings aux tempes, une constriction à la gorge, il répète :

« Où est-elle ?

Jamais l'aiguillon de la jalousie ne l'a autant mordu.

Oui, jaloux !

Jaloux de quoi ?

Elle ne le trompe point...

On ne part pas ainsi, ouvertement, à un rendez-vous.

Puis, il a foi en elle.

Yette est de celles qu'un soupçon tuerait.

Jacques se lève, va à la fenêtre à demi mansardée, où le soleil finit de griller liserons et capucines, contemple le ciel, un ciel d'orage et se retournant, laisse errer par cette chambre où, depuis dix-huit mois, ils abritent leur tendresse, son regard triste.

Le grand métier à tapisserie recouvert de son enveloppe, occupe un angle.

Sur un guéridon, dans son étui, le violon, un souvenir du père, auquel elle tient autant qu'au portrait de sa mère.

C'est tout ce qui lui appartient au monde, à la petite

Yette. Cet instrument, la table ronde en marqueterie, le portrait à l'huile, le métier sur lequel elle se plie de longues journées et un tout petit cadre sur la cheminée, où il y a aussi le portrait de sa mère.

Et il ne voit qu'elle, dans la pièce où la draperie de cretonne claire, cousue par elle, clouée par Jacques, qui employa un dimanche à cela, voile assez le lit disposé du reste en divan, pour qu'on ait l'illusion d'une salle à manger-salon.

Si les choses parlaient, celles-là peut-être : le violon, le portrait, le guéridon, le métier, diraient le mystère du passé si court, de Yette.

Elle n'a pas de portrait de son père, qu'elle a perdu toute petite ; sa mère n'avait que sa photographie de jeune homme, elle la lui a mise dans sa bière, comme elle le lui avait toujours réclamé.

Il a promis de ne rien demander...

Et il se sent à bout de courage, son serment trop lourd, le supplice lancinant.

Il éprouve une rage, une envie de briser ces témoins — qui eux non plus ne parlent pas — d'un passé qu'il faudra bien qu'il connaisse.

Puis l'ordinaire revirement.

L'apaisement brusque, complet.

L'attendrissement devant ces objets qu'elle touche, qu'elle aime, même le métier, le gagne-pain.

Et voilà qu'il passe par toutes les nervosités de l'amoureux, pour qui l'absence est comme le pronostic de la séparation.

Si elle ne revenait pas.

Si on la lui rapportait, malade, blessée !

Un faux-pas, une bousculade, l'auto qui vous happe, le train qui déraille.

Il sait qu'elle prend le train, elle le lui a dit.

Il la voit inanimée, sur le divan, la tête livide dans les coussins qu'elle a brodés.

Il voit du sang.

Et il implore :

— Pardon... pardon d'avoir souffert, d'avoir douté.

Le cauchemar s'est évanoui.

Le jeune homme prend son chapeau. Il sort, donne un tour de clé à sa porte.

Dans l'escalier il rencontre Fernand Moritz.

— Tu montes chez moi ?

— Je monte chez toi... Odette m'a plaqué !

— Ce n'est pas la première fois... pourtant à la veille de partir en vacances...

— C'est à la mer, maintenant, qu'elle veut aller... Créty me l'enlève... Je viens de les rencontrer ensemble...

— Et lui et toi, vous avez boxé ?

— Oui, en plein Luxembourg... c'est une petite fille qui nous a séparés.

— Qu'est-ce que tu dis ?

— En répétant simplement :

« — Oh ! qu'ils sont laids, ils se battent ! Oh ! qu'ils sont laids, ils se battent ! »

Debreuil poussa un éclat de rire, et demanda :

— C'est pour me raconter ça que tu montes.

— C'est pour te dire que la réunion de ce soir, à propos de notre futur journal, *Le Débineur,* est remise à cinq heures cet après-midi, c'est-à-dire dans deux heures.

— Bon, j'y serai.

Ils descendirent ensemble.

Moritz ne parla que d'Odette; de la colère, du chagrin, la gorge serrée.

Debreuil répétait :

— Ce n'est pas la première fois.

— Mais c'est la dernière, je n'en veux plus.

— Tais-toi !... si tu la rencontrais, tu serais trop content qu'elle reprenne ton bras.

— Combien paries-tu ?

— Rien, j'ai gagné d'avance.

— Elle me fait trop souffrir.

— Toutes les femmes font souffrir.

— Pas la tienne.

— Ne parlons pas de la mienne...

— Je sais bien, elle est unique...

— Tu l'as dit.

Ils tournaient, descendant le boulevard, le coin du Musée de Cluny.

Et voilà Fernand nez-à-nez avec l'infidèle.

— Eh bien, mon gros, fait Odette s'arrêtant, et l'arrêtant par la même occasion, es-tu calmé ?

— Tu ne voudrais pas que je pense encore à toi ?

— Mais moi j'y pense, à toi, grand bénêt.

Elle lui agrippait un bras, qu'il essayait de dégager.

— Tu sais bien, voyons, tu sais bien que tout ça c'est de la taquinerie... je n'aime que toi !

— Va-t-en à la mer, avec ton type !

— Alors, tu m'envoies au bain ?

— Parfaitement.

— Si j'y vais, ce sera avec toi.

— Il ne veut donc plus t'y conduire ?

— Penses-tu qu'il m'y conduirait !... Il est plus panné que tu ne l'es.

Et, le bras repris d'autorité, elle entraîna sans faire attention à Debreuil qui haussait les épaules, Fernand tout à fait calmé.

Jacques erra seul pendant plus d'une heure, puis gagna un café près de la Sorbonne, où tout un groupe devait se former, pour élaborer le projet du fameux journal, dont le titre était déjà choisi :

Le Débineur.

A six heures juste, il en sortait ; un orage énorme éclatait.

— Pourvu que Yette soit rentrée !

Une pluie diluvienne le retint sous une porte au moins dix minutes.

Et le ciel s'éclaircit, l'averse cessait aussi brusquement qu'elle était tombée.

Il remonta hâtivement le boulevard, pour tout d'un coup, ralentir le pas.

Puis il s'arrêta.

Elle traversait à hauteur de la rue.

Tu sais bien voyons,
que tout cela c'est de la taquinerie (p. 16).

Elle remontait certainement du métro, boulevard Saint-Germain, station : *Odéon.*

Il ne savait même pas la gare qu'elle prenait, *le premier dimanche du mois.*

Il la laissa trottiner devant lui, se hâtant, la plume de son chapeau, pendante, lamentable, ses petits souliers crottés.

Où qu'elle fut allée, un orage avait crevé aussi.

Elle avait dû sous l'averse, regagner son train qu'elle

ne voulait pas manquer pour ne pas l'inquiéter.

Pauvre mignonne !

Elle ralentit un peu, comme une défaillance dans ses jambes lassées; puis, la démarche saccadée qu'il connaissait, les nerfs sous l'impression de la volonté, lui tenant lieu de muscles.

Toujours fatiguée, lorsqu'elle rentrait de ce voyage.

Elle avait beau fourrer ses chaussures couvertes l'été d'une poussière sale, abîmées de boue l'hiver la plupart du temps, dans le recoin carrelé où se trouvait le fourneau de cuisine, l'œil enquêteur de Jacques les dénichait de suite.

Maintenant qu'il la regardait toute vacillante le long des maisons, s'effaçant devant les passants, épave fragile d'un naufrage inconnu, le jeune homme se sentit étreint de cette pitié, aussi immense chez lui, que l'amour.

Au seuil de la maison, il la rattrapa, lui planta dans le cou, un baiser qui la fit crier.

— Que j'ai eu peur, méchant !

— Pensais-tu qu'un autre avait cette audace ?

— Au Quartier, est-ce qu'on sait ?

— On l'a peut-être déjà fait, madame ?

— Non, monsieur, pas jusqu'à présent.

— Et si je ne vous croyais pas ?

— Je ne vous permettais pas de recommencer.

— C'est ce que nous allons voir !

Dans le corridor, mi-obscur, d'autres baisers bruyants.

— Jacques... grand fou !

Elle rajusta son chapeau, avant d'arriver à la loge.

Tranquilles en apparence, sérieux comme de coutume, avec un signe de tête à la concierge qui leur sourit, ils passèrent.

Dès le troisième étage, Yette soupira, compta les marches.

— Tu n'en peux plus, mon petit.

Il la saisit, la souleva dans ses bras, comme un enfant, monta, pendant qu'elle répétait :

— Je ne veux pas ça, tu le sais bien... un jour tu te crèveras le cœur.

— Si c'est pour toi, qu'est-ce que ça fait ?

Il l'emportait, sans que les pulsations battissent plus fort que d'habitude, dans sa large poitrine.

IV

Jacques avait passé dans les premiers, reçu avec mention, avant pas mal d'autres camarades.

Les vacances étaient arrêtées.

Jacques irait quelques semaines dans sa famille.

Il caserait Yette à la campagne — toujours plus ou moins anémique, elle en avait besoin — chez des fermiers tout près de Bourg-en-Seine, le village de Seine-et-Marne où Fernand Moritz, chez le grand-père, son seul parent qui l'aimait comme aiment les grands-pères, passerait ses vacances.

Odette avait définitivement filé vers l'Océan, avec le « type » que Fernand jurait de « reboxer » à la première occasion.

Pour le moment, assagi, il se promettait de travailler pendant ces semaines de campagne, de façon à réussir en octobre, les examens ratés en juin... ratés par la faute de cette volage maîtresse, qui ne connaissait qu'une chose :

La fête.

A Bourg-en-Seine, Yette serait la femme légitime de Jacques.

On l'appellerait Mme Debreuil.

Bien jeune ménage.

Il est rare qu'un étudiant se marie avant sa thèse.

Mais enfin, tout arrive, et pour si rare que ce soit, on pourrait croire que c'était arrivé.

Car Fernand, excellent camarade, voulait les présenter à son grand'père, un vieux médecin, qui avait eu son temps de quartier latin, demeurait très large d'idées, et certain que celui-ci était recommandable, ne demandait qu'à avoir à sa table, avec sa compagne, le meilleur ami de son petit-fils.

Jacques Debreuil, sérieux et acharné au travail, ne pouvait être que d'un exemple salutaire, pour celui-ci.

« M. et Mme Debreuil » devaient quitter Paris le lendemain.

Jacques resterait donc un peu à la campagne avec Yette, avant de partir dans sa famille.

Et si cette dernière redoutait la séparation, elle se réjouissait de ces quelques jours en pleins champs avec celui qui semblait, en prenant son cœur, son âme, avoir toute sa pauvre petite vie... sa vie qu'un sceau fatal avait déjà marquée.

— Bourg-en-Seine, où est-ce au juste ? avait-elle demandé.

— Tout près de la forêt de Fontainebleau, ma chérie, air vivifiant, repos complet... Tu ne travailleras pas du tout.. cela te fera forte pour l'hiver.

— Mais qu'est-ce que je ferai alors ?...

— Je ne suis pas en peine, les journées passent à la campagne, — et tu me dis que tu l'aimes, la campagne... Puis, tu trouveras chez le Dr Moritz une compagne charmante, la fille du professeur Darembet, un brave homme... Il sait que nous nous épouserons, et ne crains rien, il n'empêchera pas sa fille — qu'entre parenthèses, sa femme lui a apportée en l'épousant, et dont il n'est que le beau-père, d'être une amie pour toi... Tu verras que tu m'écriras que tout se passe très bien.

— Mais tu n'y seras pas...

— Taisons-nous, puisque cela ne peut pas être autrement.

— Tu as raison, je ne suis pas sérieuse... C'est que je me sens perdue, dès que tu n'es pas là.

— Loin l'un de l'autre, nous sommes ensemble, peut-être encore plus... Tu m'écriras tout ce qui se passe, tout ce que tu fais, un vrai journal.

— Oh ! je te promets... toi aussi ?

— Oui, je te promets... Je t'écrirai la nuit, si on ne me laisse pas libre, le jour

Cette conversation avait lieu vers minuit, les valises enfin remplies.

Yette se coucha la première, exténuée.

Jacques devait veiller encore, ayant à préparer pour un de ses élèves, un cours de vacances.

Il la regarda longuement, s'approcha, se pencha.

Elle dormait bien, la tête tournée contre le mur.

Il avança vers la cheminée, regarda encore du côté du lit, s'en approcha à pas de loup, écouta...

Respiration égale, visage enfoncé dans l'oreiller.

Alors, le jeune homme prit sur la cheminée le petit cadre renfermant la photographie de la mère de Yette.

C'était un bijou, ce petit cadre ,en cuivre très fouillé, avec une grosse turquoise au fronton.

— C'est ancien, avait dit la petite violoniste quand son voisin l'avait remarqué, à une de ses premières visites chez la veuve. Cela vient d'arrières grands-parents, c'est la photo de maman, au moment de son mariage.

En rentrant ce jour-là, vers midi, Yette descendue pour quelque commission, Jacques qui prenait sur la cheminée, son paquet de cigarettes, voyait le cadre renversé, son pied dévissé.

C'était arrivé déjà. Les vis minuscules qui le maintenaient, usées dans leurs écrous, et que la trépidation des autobus faisait jouer davantage.

Yette se chargeait toujours du soin de les replacer.

Et elle faisait cela, tout de suite, un peu de fièvre aux joues, comme si cet objet n'eût pas dû, une minute, se trouver hors de sa position normale.

Une fois finie la réparation, elle embrassait l'image, si jolie dans son costume suranné, en murmurant :

— Ma maman chérie...

Jacques allait replacer la photographie dans cette position normale, avant qu'elle remontât car cela lui donnait toujours la même émotion, ce petit objet renversé.

Mais ce n'étaient pas seulement les vis du support qui s'étaient déplacées.

La plaque de cuivre mince, qui derrière s'adaptait au cadre, le fermant hermétiquement, la photo prise entre le verre et cette place, s'était déplacée.

Une autre vis, plus minuscule encore, deux autres vis, plutôt, étaient tombées, car la plaque déviait par en haut.

En les cherchant, le cadre, le haut en bas dans sa main, la photo glissa, tomba à terre.

— Eh bien, murmura-t-il, je fais du joli... Yette va trouver cela, démoli...

Il eut un saisissement.

Le portrait de Mme Viviers restait plaqué au verre.

La carte qu'il ramassait, donnait celui d'un homme. Un homme jeune, cravaté à la mode d'une vingtaine d'années en arrière, un homme à qui Yette ressemblait.

— C'est son père, murmura-t-il.

Un mouvement dans le lit lui fit remettre rapidement la photographie à sa place.

Mais la dormeuse dormait toujours.

Jacques rajusta le petit cadre de cuivre, dont il avait violé involontairement le secret, retrouvant une autre vis, à peine plus grosse qu'une tête d'épingle, sur la cheminée étroite.

Et il se remit à la préparation de son cours de vacances.

Il lui fallut toute son énergie, pour en voir la fin.

Sa pensée était ailleurs.

Yette cache-t-elle ce portrait, ou ignore-t-elle qu'il est là ?

Elle ignore qu'il est là, peut-être, c'est sa mère qui l'y a mis.

La chose est très naturelle.

Tout ce qu'elle lui a dit de son père, c'est à deux ou trois reprises :

— Il est mort, quand j'étais toute petite, je ne l'ai pas connu.

Mais cette sortie, cette sortie, tous les premiers du mois.

A sa dernière allusion, sa maîtresse lui a répondu :

— Dans un an, tu sauras, je te le jure !... Jusque-là, laisse-moi encore, ne me demande rien.

Il avait promis.

Mais il n'avait pas promis de ne pas penser... de ne pas souffrir...

A trois heures du matin seulement, il se couchait.

Et l'on partait, à huit heures vingt-cinq.

Yette avait tout préparé, le petit déjeuner, la valise.

A huit heures moins le qaurt, le jeune couple descendait l'escalier.

Trois quarts d'heures plus tard, l'un en face de l'autre, arrivés gare de Lyon comme le train s'ébranlait, ils s'en allaient, heureux, vers les champs, la verdure, vers la campagne.

A midi moins le quart, ils débarquaient à Bourg-en-Seine, à une lieue et demie de la forêt de Fontainebleau.

Fernand Moritz les attendait à la petite gare isolée du village de deux kilomètres, avec l'antique cabriolet qui véhiculait encore son grand'père quand on l'appelait pour un malade nécessiteux.

Car le Dr Moritz ne faisait plus de clientèle payante.

A soixante-quinze ans, il ne voulait plus voir que les pauvres.

Avant de les conduire à la ferme, où Yette devait séjourner un bon mois, il les emmenait déjeuner chez son grand'père.

Ils y trouveraient le professeur Darembet, sa femme et sa fille qui y venaient pour huit ou dix jours.

Le cabriolet passa devant un pré, coupé par un ruisseau.

Au milieu, sur la gauche d'une vieille bâtisse, la roue d'un moulin soulevait une pluie d'écume.

Fernand raconta que six semaines auparavant, un faux pas près de l'écluse entraînait la meunière sous la roue qu'un garçon arrêtait juste pour empêcher une irrémédiable catastrophe.

Le cheval tourna de lui-même, le chemin étroit qui aboutissait à la barrière du moulin.

— Mon grand'père y passe tous les jours, expliqua Fernand, je l'accompagne depuis que je suis ici ; il m'a demandé de m'y arrêter aujourd'hui... En allant, je n'ai pas eu le temps, je craignais de vous manquer à la descente du train... Je n'y resterai pas plus de dix minutes.

— Allons, allons... le cas est sans doute intéressant, répondit Jacques Debreuil — un médecin de l'avenir, comme Fernand Moritz — je t'accompagne.

— Elle a fait de la gangrène, dit ce dernier ; avec notre antisepsie moderne, on l'arrête parfois, grand'père pense y être arrivé... Ah ! il la prône, notre antisepsie, comme notre prophylaxie... le reste... pour changer toujours la même chose, comme il dit, et il a raison, nos découvertes ne prolongent pas notre sale existence...

— Notre sale existence ! répéta en riant Debreuil.

Et Fernand, brusque :

— Tu la trouves belle, parce que tu as ta petite Yette... N'est-ce pas, madame Yette, qu'est-ce qu'il ferait, sans vous ?

— Je ne sais pas si je pourrais vivre, fit Jacques.

— Et je suis bien sûre que sans lui, je mourrais, affirma la jeune femme.

Elle ajouta :

— J'irai avec vous voir cette pauvre meunière.

Fernand disait :

— A quelle créature j'ai eu affaire ! une vraie fille, la boue du quartier... Fallait-il que ça tombe à moi... Mon grand'père a raison... je serai toujours un guignard en amour.

— Pourquoi donc ?

— Parce que je suis un sentimental...

Le cabriolet ralentit, s'arrêta devant la barrière à claires-voies.

Yette sauta la première et regarda le bâtiment, bas, triste, avec la seule animation de la roue fouettant l'eau verdâtre.

— C'est tout à fait tombé en désuétude, expliqua Fernand, attachant la bride du cheval à la barrière; un garçon suffit à faire valoir la minoterie, autrefois très achalandée... Il y a eu un drame autour de ces vieux murs, ou plutôt on soupçonna, et on soupçonne toujours un drame. La femme que vous allez voir, doit seule en détenir le secret...

— Vraiment ! fit Yette, interloquée.

Et Jacques passant le premier la barrière.

— Tu nous conteras cela.

— J'en chargerai notre vieille Nanon, ce sera plus pittoresque... A elle seule Nanon vous reconstituera l'affaire... Nanon a une marotte, peut-être justifiée par le tort que nous subissons; c'est sa haine contre la basoche, tout ce qui arrive de mauvais, a, suivant elle, pour auteurs les notaires, huissiers, avoués, qui mangent l'argent du pauvre monde, ruinent la veuve et l'orphelin... Il est vrai que nous sommes payés pour penser comme elle... on dirait mieux : pas payés... une question de succession qui s'éternise, ça dure depuis plus de dix ans.

— Ce drame du Moulin vient-il aussi de la basoche ?

— Elle y a été mêlée... un notaire a été condamné... l'affaire reste mystérieuse... on en parle à l'occasion, dans le bourg...

Yette, qui marchait la première, vers le bâtiment affaissé sur lui-même, une partie menaçant ruines, s'arrêta à la porte basse, avec trois marches de perron.

Fernand entra, suivi du petit ménage d'amoureux.

Une alcôve, au fond de la pièce presque noire, en quittant le jour éclatant du dehors, le vieux rez-de-chaussée de village, avec ses étroites fenêtres rarement ouvertes, son odeur caractéristique à laquelle s'ajoutait ici, celle d'une désagrégation organique.

Dans cette alcôve d'où le médecin faisait enlever les courtines d'indienne — réceptacles des microbes de plusieurs générations, une femme jaune comme du safran, les yeux agrandis de fièvre, les cheveux séparés par une raie, s'efforça de tendre, au petit-fils un jour docteur comme son grand'père, sa main valide, tout le côté droit du corps pris dans des pansements.

D'une voix à peine distincte, elle remercia ces beaux jeunes gens qui venaient la voir.

Moritz prit sa température, il lui dit quelques bonnes paroles; le docteur viendrait comme d'habitude, à la fin de l'après-midi.

— Je retournerai voir cette pauvre femme fit Yette en regagnant le cabriolet; quand Jacques sera parti, ce sera un but pour moi, j'essayerai d'en avoir d'autres... qui m'occuperont.

— Il ne faut pas rester longtemps dans cette atmosphère, dit le jeune homme, tu n'es pas assez solide pour t'enfermer près des malades...

— Mon Jacquot, je t'ai toujours dit, je suis plus solide que tu ne le crois.

— Yette, je préférerais que...

— Mon Jacques, que veux-tu que j'attrape ici ?... Quelques moments désagréables, pour la satisfaction de procurer de la joie à une malheureuse, qui peut-être n'en reviendra pas.

— Mon grand-père a bien peu d'espoir... Mais elle peut vivre encore plusieurs mois.

L'antique véhicule, très doux sur ses ressorts roulait à une allure moyenne, mais régulière, sur la route nationale.

On arrivait à Bourg-en-Seine.

V

La maison du docteur Moritz, en bordure de la rue, au centre du bourg, un rez-de-chaussée avec six fenêtres coupées par la porte massive au-dessus du perron, et un étage surmonté des lucarnes des greniers avait par derrière et s'étendant sur un côté, un très beau jardin à pelouses, parterres, potager et verger.

La porte du « service », était prise dans la grille à un bout de la maison.

On ouvrait cette porte à deux battants, pour laisser passer la voiture, le jeune domestique, qui avec la vieille Nanon, la cuisinière-gouvernante, composait le personnel de la maison, servait de portier et de palefrenier.

A ce moment, entrait dans la cuisine, un personnage d'une douzaine d'années, plutôt mal accueilli, par la titulaire de l'endroit.

— Comment, te v'là encore, toi ?... En v'là assez de c't'affaire-là, depuis onze ans que ça dure... Oui, onze ans, p'tit gars, tu têtais encore, puisque ta mère t'a nourri jusqu'à trente-deux mois. En v'là une, qu'aurait mieux fait de te donner un métier ou de te mettre à la charrue qu'à écrire des grimoires qu'on n'y comprend goutte, et qui ne servent qu'à voler le monde... C'est du propre, ta basoche. p'tit gars !

« Le p'tit gars », haut comme un pichet de cidre, les joues poupines, le nez en l'air, venait de poser sur la table en chêne bien luisante, de la cuisine, une tartine de fromage blanc, fortement entamée, puis, aussi volumineuse que lui, une serviette de cuir usagée, bourrée de paperasses.

Il sortit de sa veste trop large, en drap élimé d'un noir pisseux, certainement taillée par les ciseaux maternels, dans quelque redingote d'aïeul, un pli fermé du sceau d'un officier ministériel, le posa aussi sur la table.

Un pantalon de treillis laissant voir sous des chaussettes en coton bleu, une cheville encore grêle émergeant d'un soulier clouté; un chapeau de paille qui lui descendait jusque dans la nuque, complétaient la tenue différenciant le troisième rèjeton de la veuve Tripart, tenancière du bureau de tabac, des galopins ses camarades, en affirmant sa situation de clerc d'avoué.

Ingénument, il demanda :

— Qu'est-ce que c'est que ça, la basoche, mère Nanon ?

— Ne te l'ai-je pas dit vingt fois, morveux ?

— Je m'en rappelle pas...

La vieille, maigre comme un copeau, sa petite cornette bien blanche emprisonnant ses cheveux gris, eut un haussement d'épaules, un geste de menace.

— Te fiches tu de moi, ou es-tu si bête, que tu n'es bon qu'à faire un saute-ruisseau ?... La basoche...

Elle montra sur la table, la serviette, l'enveloppe :

— C'est ça... et c'est toi, galopiaud... f..: moi le camp, pour l'instant, tu me feras plaisir !

Le p'tit gas reprit sa tartine, sa serviette, et franchit le seuil

— Au revoir, mère Nanon.

— Celle-ci alla jusqu'à la porte.

— Tu lui diras à ton gueux d'avoué, que si je mets ma coiffe des dimanches, et que si je prends mon parapluie, ça sera pour lui parler entre quatre z'yeux.

Elle resta sur le seuil, pour ajouter, pendant que le gamin s'en allait :

— Sera-t-il chez lui c't'après-midi, ton pète-sec de patron.

Casimir se retourna pour répondre, sa bouche pleine, surmontée d'une moustache de fromage blanc et montrant la serviette bourrée, sous son bras.

Il ne rentrera qu'à cinq heures, je lui porte les pièces chez le notaire; le premier clerc a dit comme ça, que c'est de votre affaire, qu'ils vont s'occuper.

— Alors elle va finir « notre » affaire ?

— Ah ! paraît qu'il y en a encore pour deux ou trois ans.

— Pour deux ou trois ans !... Attends voir, j'irai, moi aussi, sur les cinq heures, chez le notaire !

Une diversion apaisa la vieille gouvernante.

Ce notaire, alors, serait une victime (p. 33).

Le cabriolet s'arrêtait devant la remise.

Nanon regarda descendre les arrivants.

Sa figure, de renfrognée qu'elle était, devint souriante.

— Un rude gentil petit ménage, grommela-t-elle... Elle me revient, cette mauviette-là.

La grille, restée ouverte, livrait au même moment, passage à M., à Mme Darembet, et à leur fille Nicole.

Fernand, Jacques et Yette qui venaient vers la maison, allaient se rencontrer avec eux.

— Jacques demanda à mi-voix :

— C'est la fille du professeur ?

— Oui, répondit Fernand.

— Elle est charmante.

— Charmante ! je ne l'avais pas vue depuis son enfance... très jolie petite fille, maintenant elle est encore mieux.

— Si tu pouvais t'amouracher !

— Je n'y tiens pas... je sors d'en prendre.

— Tu ne compares pas cette jeune fille à Odette ?

— C'est justement parce que je ne la compare pas à Odette, que je ne veux pas m'amouracher... Ce serait la passion sérieuse... j'en sortirais plus malheureux... si elle n'y répondait pas.

— Elle y répondrait peut-être...

— J'aime mieux ne pas risquer.

On était en présence.

Les présentations eurent lieu.

Nicole avait tendu spontanément la main, à Juliette.

Blonde idéalement, des cheveux cendrés, très lourds, des traits fins, des yeux ni gris ni bleus, la couleur douce, du lin, de grands yeux aux cils un peu sombres, un sourire courait, naturel, sur les lèvres de Nicole, animant son regard brillant de jeunesse et de confiance.

Le regard timide de Juliette, sa bouche sérieuse, lui rendirent ce sourire.

La poignée de main semblait sceller un pacte entre ces créatures différentes, que leur jeunesse rapprochait.

Le docteur Moritz, qui sortait de son cabinet, accueillit avec une bonhommie pleine de sympathie, le « jeune ménage », que son petit-fils lui présentait.

Le couvert dressé dans la pièce très claire, garnie de meubles antiques et de vieilles faïences, attendait les convives.

Poisson pêché le matin, dindonneau sorti bien doré de la broche, légumes frais, crème et fruits, tarte au fromage.

Nanon s'était surpassée.

Tout en servant, elle maudit la basoche.

On plaisanta.

Puis, on ne plaisanta plus.

Le vieux médecin redit succinctement, l'histoire que les Darembert connaissaient l'héritage qui devait revenir à son petit-fils, mineur à ce moment-là, disputé par des collatéraux, et séquestré une fois l'affaire réglée, positivement par les hommes de lois, trouvant leur compte, à agioter avec les capitaux.

— C'est cet après-midi à cinq heures, que je mets ma coiffe des dimanches et que je prends mon parapluie ! jeta Nanon, pour aller chez le notaire.

— Elle est capable de le faire, dit le docteur.

Puis, ce dernier, en parlant de sa cliente du moulin, suscita la curiosité.

Fernand n'avait-il pas dit, à M. et à Mme Debreuil, qu'on soupçonnait un drame, dans ce vieux moulin, où il n'y avait plus qu'une meunière, et un garçon jardinier.

Un notaire s'y était trouvé mêlé, non pas un notaire du pays — de Limoges — chez qui le mari de Jenny Poinsot, la femme en question, avait des fonds revenant de la succession d'un oncle.

Ledit notaire, avant la mort de Poinsot, le meunier, peut-être l'avant-veille de cette mort, s'en allait deux jours en voyage.

Le premier clerc, interrogé en temps et lieux, affirma qu'il était parti pour la Normandie, où il avait plusieurs affaires, et qu'il avait remis, s'arrêtant à Bourg-en-Seine, les fonds que le meunier, malade depuis longtemps ne pouvait venir chercher lui-même.

Poinsot mourut brusquement au moment de cette visite. Sa veuve réclama les fonds.

Un reçu en règle avait été donné au notaire.

Celui-ci ne put le produire.

Il avait passé une nuit au moulin, la nuit de l'agonie du maître.

Fût-ce dans le désarroi de la maison tout entière, que lui fut dérobé ce reçu ?

Il affirma qu'il ne pouvait en être autrement, lorsqu'il passa en Cour d'Assises, où il fut condamné à cinq ans de détention, et au remboursement de la somme de cent-dix mille francs.

Le malheureux, que certains crurent innocent, et qui ne fut pas loin d'être acquitté, car la veuve avait du vivant même de son mari, une mauvaise réputation — le garçon qui continuait à faire rendre le minimum au moulin, était son amant — la thèse de l'innocence a toujours des partisans.

Le médecin se tut.

On passait au jardin, pour prendre le café, sous un grand berceau de clématites.

C'était le petit palefrenier, mué en domestique, qui le servait.

Jacques dit à Yette avant qu'ils y pénétrassent, les derniers :

— Comme tu es pâle !

— J'ai mal à la tête.

— Ce n'est que ça ?

— Oui.

— Le grand air, tu n'y es pas habituée.

Ils allèrent s'asseoir au fond du berceau.

— Veux-tu prendre tout à l'heure, un cachet d'aspirine ? demanda Jacques.

— Non, non, ça passe déjà... Demande donc au docteur, la fin de l'histoire.

Le docteur la continua de lui-même, tout en sirotant sa tasse de café.

— Une petite servante, Phrasie, renvoyée, a prétendu et prétend toujours, que la Poinsot, a une cachette dehors et qu'elle a mis dedans l'argent, pour le sortir plus tard.

« Elle est justement à la ferme des Acacias, cette petite servante, ajouta le docteur, en s'adressant au jeune couple, où vous allez vous installer cet après-midi.

— Ah ! fit Jacques.

Du rouge remonta aux joues blanches de la jeune femme.

Elle demanda d'une voix précipitée.

— Ce notaire, alors, serait une victime... comment s'appelait-il ?

— Un vieux nom dans le notariat, le père, le grand-père, l'arrière grand-père, peut-être en étaient... Delhambre... l'affaire a fait du bruit.

La petite Mme Debreuil redevint très blanche.

Personne ne le remarqua — la tonnelle restant sombre, sous le grand soleil du dehors — Jacques, allumait une cigarette, près du guéridon rustique, où était servi le café.

— Eh ! ce malheureux aurait été condamné injustement, demanda-t-elle, se rapprochant aussi de la table.

— C'est très possible, répondit le vieux médecin.

— Mais pourquoi aurait-elle caché cet argent ?

— Oui, pourquoi ? demandèrent Jacques et le professeur Darembet, qui entendaient pour la première fois conter cette histoire.

— L'héritage, paraît-il, était en valeurs sur lesquelles l'embargo avait été mis dans toutes les banques... Elles n'ont été présentées nulle part... à moins, que depuis longtemps, elles n'eussent été négociées... Cette version admise par les jurés, amena la condamnation de Delhambre, qui jusqu'au bout protesta de son innocence. Il avait une femme et un enfant, qui disparurent aussitôt après le procès... un procès qui avait dû les ruiner tout à fait, car l'étude, une des meilleures, pendant longtemps du département, avait beaucoup baissé.

« Delhambre, aimait les arts, et surtout la musique, plus que les paperasses d'affaires; il fut représenté au moment de son procès, comme un virtuose, un violoniste des plus distingués.

Un silence encore, puis l'on parla d'autre chose, pour retomber sur l'affaire, que Darembet réveilla par une question à côté.

— La tirerez-vous de sa gangrène, docteur, votre meunière ?

— Je ne sais pas... La fin n'est pas immédiate, mais elle est mal hypothéquée !

Puis, sa dernière gorgée de café, absorbée :

— On jase sur son accident... C'est la punition dit-on.

— La punition ?

— Oui, si le reçu fut dérobé, ce ne peut être que par elle, ou à son instigation.

— Mais l'argent, alors, l'argent...

— Eh bien, elle n'a pas pu se servir des valeurs, en les produisant, elle se dénonçait.

— C'est dramatique, prononça Jacques... Alors la cachette dont parle la petite servante ?

— Qui sait si elles ne sont pas dedans, ces valeurs ?

Yette se taisait.

Elle demanda bientôt à Jacques de l'emmener à la ferme des Acacias où elle se reposerait.

Sa migraine avait augmenté.

VI

Nanon avait mis sa coiffe des dimanches, elle avait pris le grand parapluie de coton bleu, le parapluie de fondation, paysan, qui constitue le patrimoine ambulant, faisant partie de la moindre course; marché, foire, déplacement imprévu, mais solennel, si court qu'il soit.

— Bon Dieu ! V'là la Nanon et son parapluie ! dirent plusieurs femmes en se mettant sur le pas de leur porte; où va-t-elle bien comme ça ?

L'une cria, en cornette, à peu près de son âge :

— Et où que tu vas comme ça. Nanou ?

— Chez le notaire, l'avoué y est... faut qu'ils en finissent, de nos affaires !

Sur la grande place, au fronton au-dessus du perron, d'une maison blanche, aux rideaux de guipure, l'écusson du notariat.

Avec la vélocité de la jeunesse. Nanon grimpa les huit marches, poussa un des battants de la porte, traversa le vestibule, et entra tout de go dans la pièce, où sur une autre porte, était écrit en grosses lettres, le mot :

ETUDE.

Une vaste pièce entourée de casiers.

A son bureau, le « principal ».

Un clerc à une autre table, et « le gas Tripart », rangeant des dossiers, dans les cartons verts.

Nanon, sans regarder personne, posa son parapluie près de la porte, traversa l'étude, et sans précaution, tandis que le second clerc se précipitait pour l'arrêter, fonça dans une autre pièce, dont le seuil n'était franchi par les profanes, que dans les circonstances sérieuses.

M.e Cornu, le notaire — nom prédestiné, il av .it une fort jolie femme réputée frivole — et M.e Barrot l'avoué, étaient comme l'avait dit Casimir, ensemble, à compulser des pièces.

Surpris, ils la laissèrent dégoiser.

Car ce fut un flux de paroles qui finit par lui couper la respiration.

Le gas Tripart lui avait dit que « leur affaire » durerait encore deux ou trois ans.

Ah ! elle pouvait en parler, la basoche, des intérêts des mineurs !

Chez eux, le petit fils crèverait de faim, s'il n'avait pas son grand-père.

Et lui resterait-il quelque chose à la fin des fins ?

Eh bien, si le notaire et l'avoué lui avaient tout mangé, à son Fernand, c'est à elle qu'on aurait affaire.

Elle lui mettrait le feu au derrière, à la basoche, oui, au derrière, avec un bouchon de paille.

— Allons, c'est'y dans six mois, ou c'est'y dans trois ans ?

Comme ni l'un ni l'autre des deux officiers ministériels ne répondait, elle répéta :

— Oui, avec un bouchon de paille !

Et, sur cette menace, elle partit, retraversant l'étude, claquant les portes.

Elle en oubliait son parapluie.

Casimir demeurant bras ballants, pétrifié, le second clerc, le lui reporta dans la rue.

On ne voulait pas la voir revenir.

Elle le leva sur lui, parce qu'elle lui trouvait un air goguenard.

Puis, elle traversa la place, pour entrer chez la veuve Tripart, tenancière du bureau de tabac.

Dans l'étude, une exécution.

Mᵉ Bassot, l'avoué, tirant Casimir par l'oreille, le mettait dehors avec son pied au bon endroit.

— Ah ! tu vas dire ce que tu entends, toi, tu trahis le secret professionnel !... Mᵉ Cornu et moi, nous avons assez de ta fiole.

Les larmes lui ruisselant plein la figure, le saute-ruisseau s'arrêta sans oser entrer, devant le bureau de sa mère.

Nanon l'aperçut et en sortit; Mme Tripart occupée, ne l'avait pas vu encore.

— Qu'est-ce que tu as, p'tit gas, pourquoi que tu pleures ?

— Le patron t'a fichu à la porte.

— Il dit que j'ai trahi le secret professionnel.

— Qu'est-ce que ça signifie ?...

— Que je répète ce qu'on dit à l'étude... C'est vous, mère Nanon, qui me valez ça.

La vieille, un instant bouche bée, marmotta :

— C'est-y Dieu possible !

— La mère va me ficher une de ces râclées...

— Pas peur, j'arrangerai ça... Viens...

La cliente que servait la veuve Tripart, sortait.

La gouvernante du Dr Moritz, tirait par le poignet, le gamin qui avait déjà, pour se garer, le bras devant la figure.

— Amandine, dit-elle, en descendant la marche qui donnait accès à l'épicerie-bureau de tabac, je te le disais bien que ton dernier n'était pas fait pour la basoche, ils l'ont fichu à la porte parce qu'il n'est pas aussi cafard qu'eux.

Amandine rougit jusque dans les cheveux.

— Fichu à la porte... Ah ! gueux, tu t'es fait renvoyer !

Elle arrivait la main levée.

Nanon, l'arrêta du bras.

— Fais-en un cultivateur, puisqu'il n'aime que la culture... Au jour d'aujourd'hui, le fermier gagne ce qui veut.

— D'ici au temps qu'il soit fermier !

— Et d'ici au temps qui soit notaire.

— Pas besoin d'être notaire, premier clerc, ça suffit.

— A cinquante ans... Et puis, il n'est pas fort ton gas, est-ce qu'on lui donnerait douze ans ?... Il prendra de l'encolure à travailler aux champs... Tiens, justements, Phrasie, de la ferme des Acacias, disait que le 'patron cherchait un petit commis... car c'est des commis maintenant, qu'on les appelle... C'est une ferme modèle, les Acacias... il gagnera tout de suite, et je te répète, il forcira !

— J'en ai un dans le commerce à Fontainebleau, le second dans la boucherie, à Evreux... C'est mon rêve, celui-là, dans les écritures.

— Ecriture, culture, ça finit en : ture, Amandine... Est-ce que le docteur ne t'a pas dit une fois pour toutes, qu'il n'était pas fait pour griffonner.

— Enfin, pourquoi l'a-t-on renvoyé ?

— Parce qu'il m'a dit que notre affaire durerait encore deux ou trois ans.

— Deux ou trois ans, pas possible !

— Je te répète que c'est de la fripouille... Si tu laisses ton gas là-dedans, je te renie, moi qui étais la meilleure amie, de ta mère.

Et Nanon, lâchant le gas, s'en alla.

Amandine flanqua sa paire de gifles à Casimir, mais resta songeuse.

Le lendemain, ledit Casimir entrait à la ferme des Acacias.

Le jeune couple, Jacques et Yette, y était installé depuis la veille.

Une déception, ce premier matin, où levés tôt, ils venaient de goûter à travers champs, la grande paix seulement troublée par les ramages d'oiseaux et le bruissement des insectes sous l'herbe.

Le facteur descendu de bicyclette devant la ferme, apportait à M. Jacques Debreuil, une lettre que sa concierge faisait suivre dès la veille.

Elle était de la mère de Jacques, qui lui demandait de hâter son arrivée, son père étant très souffrant.

— Il me faut partir dès ce soir, ma chérie, je prendrai à Paris, un train de nuit.

— Pars, mon Jacques, et dis-moi de suite, si ton père va mieux.

Elle était très calme, à peine émue, semblait-il; de cette séparation qu'elle redoutait tant, simplement peinée pour Jacques qui montrait pas mal d'inquiétude.

En revenant de le conduire à la petite gare de chemin de fer, située entre deux villages, dans le tape-cul de la ferme, que la fermière conduisait elle-même, elle causa avec celle-ci...

Le moulin, la meunière, le garçon fermier, le mystère...

Le récit ne différa pas de celui du Dr Moritz.

Phrasie, servante maintenant aux Acacias, une pauvre petite de l'Assistance Publique, placée d'abord chez les Poinsot, et malmenée par la femme, affirmait toujours que cette dernière avait une cachette, qui devait être dans les parages de la roue, car une nuit qu'elle ne dormait pas, parce qu'elle avait mal aux dents, elle avait vu, par la lucarne de son galetas, la patronne rôder par là, traverser le petit pont, et se couler sous la vanne, au repos.

— Phrasie se trompe-t-elle, conclut Mme Benoit, la fermière, ce n'est guère un endroit pour cacher des papiers. A moins qu'elle n'ait creusé à côté, pour enterrer le coffret, un vieux coffret en fer qui servait de boîte à fil, et que Phrasie, après la mort du patron, n'a plus vu.

« Il y a de ça, quatre ans passés.

« La fille a été replacée chez nous, par l'Assistance, qui a enquêté et a reconnu qu'elle était fort mal au moulin.

« Elle déteste Mme Poinsot, c'est ce qui fait qu'on ne croit pas trop ses histoires.

On passait le grand portail, on rentrait dans la cour de la ferme, une vaste cour bordée d'étables.

Les granges, les écuries, les hangars se suivaient à une des extrémités.

A l'autre, la maison d'habitation, très vaste, avec derrière un grand jardin qui aboutissait à un petit bois.

A l'horizon, la forêt de Fontainebleau.

C'était la belle ferme modèle, et son outillage perfectionné, éclairée à l'électricité dans les moindres coins.

Phrasie, affectée à la laiterie, et fiancée à un des « commis », une belle fille de dix-sept ans, franche, aimable, eut tout de suite, pour la « petite madame » qui trouvait tout si intéressant, et s'arrêtait surtout dans sa laiterie, la sympathie la plus confiante.

Elle avait connu elle, son papa et sa maman, elle

avait trois ans, à la mort de son père, tué par une auto
dont on n'avait pu retrouver le propriétaire-assassin,
quatre ans et demi, quand sa mère épuisée de travail et
de chagrin, mourait à l'hôpital.

Pas de famille, personne qui voulut se charger d'elle.

On la mit à l'Assistance qui la confia à la meunière.
La Poinsot l'avait rendue très malheureuse.

Elle se trouvait maintenant, très heureuse.

Son fiancé venait de partir pour le service militaire,
lorsqu'il aurait fini son temps, on se marierait.

Il lui écrirait chaque dimanche.

Cela suffirait pour lui mettre toute la semaine, la
chanson aux lèvres.

Le soir, sa journée faite, Phrasie allait jusqu'au jardin, où elle savait trouver la « Parisienne ».

Elle était de Paris, l'orpheline, elle l'habitait, pendant
sa première enfance, si heureuse entre son papa et sa
maman; elle aimait qu'on lui parlât de la grande ville
dont le mouvement, les lumières s'étaient incrustés dans
sa jeune mémoire.

La « petite Madame », condescendait à son désir.

Mais elle voulait qu'en revanche, elle lui parlât, elle,
de la campagne.

Elle voulait surtout qu'on causât de la meunière.

Phrasie ne se faisait pas prier.

Elle avait à peine quatorze ans, lorsque « l'affaire du
notaire », comme elle disait, s'était passée.

Mais ni ses oreilles, ni ses yeux n'étaient dans sa
poche.

M. Poinsot avait eu sa crise finale, dans la nuit, tout
le monde était en l'air, elle ausssi, et aussi le notaire,
qui, près du mourant, croyait comprendre que celui-ci
désirait revenir sur son testament.

Mais il n'en avait pas eu la force.

On a raconté que c'était d'avoir appris tout d'un
coup, que Perrin, son garçon meunier, était l'amant de
sa femme, que la mort l'avait pris.

— C'est vous la jolie petite dame qui êtes entrée l'autre jour (p. 80).

Pendant que le notaire demeurait à son chevet, Perrin se glissait dans la chambre qu'on lui donnait, au bout de celle des patrons.

Et elle pouvait affirmer, la petite Euphrasie, qu'il en était sorti par la fenêtre.

Elle se trouvait, dans la cour, cette nuit noire comme de l'encre, où le meunier trépassait, à aller chercher de l'eau au puits, car il n'y en avait plus une goutte à la maison.

Et elle était bien sûre que c'était Perrin. La lumière de l'intérieur l'éclairait en plein, lorsqu'il entrait dans la grande salle, par la porte qu'il poussait, au dessus des trois marches de pierre.

Cette confidence, la petite Euphrasie la fit très bas, très bas.

Perrin qui avait dû voir une ombre dehors et constater que cette ombre était bien la sienne, puisqu'elle était rentrée avec son seau d'eau, la suivant, lorsqu'une heure plus tard, elle retraversait cette cour, cette fois pour aller se coucher, l'avait saisie par le bras, en lui soufflant dans l'oreille :

« — Tu es une méchante petite garce... si jamais tu t'avisais de jaser contre moi, ou contre la patronne — toi ou une autre, d'ailleurs, — je te ferais ton affaire, et on n'y verrait que du feu !

La peur lui avait cloué la bouche; d'ailleurs on ne lui avait rien demandé.

Elle savait le garçon de taille à tenir parole.

— Et pourtant, si en parlant, disait Yette avec une angoisse qui faisait trembler sa voix, vous aviez sauvé un innocent.

— Je n'ai pas pensé à ça...

— Mais si vous y aviez pensé ?

— Peut-être je l'aurais dit, je ne sais pas... J'en ai une telle peur... et aussi de la Poinsot...

— Mais à présent ?...

— A présent ?... Qu'est-ce que ça donnerait à présent... on croirait que je mens... et il m'arriverait malheur.

— Pourtant vous êtes sûre qu'il y a une cachette ?

— Oui, parce que j'ai guetté... et que l'ai vue, *elle*...

— Pas lui ?

— Je ne l'ai pas vu, lui... Maintenant, vous ne savez pas ce qu'on raconte ?

— Non.

— Eh bien que c'est le Perrin qui aurait poussé la Poinsot sous la roue.

— Par exemple !

— Depuis longtemps ils se battaient comme des chiens... Perrin est un coureur, un buveur, un dépensier, on peut dire qu'il a mangé le moulin... Les créanciers arrivent de tous les côtés... On croit que la meunière n'en reviendra pas...

— Je sais qu'elle est très malade, fit Yette qui n'interrogea plus.

Cette dernière conversation avait lieu un samedi soir.

Le lendemain Yette passait la journée chez le Dr Moritz où les Darembert demeuraient la plus grande partie des vacances.

Nicole et elle étaient devenues des amies.

Le calme, la douceur de Yette s'alliaient à la gaîté, à la spontanéité de la jeune fille.

Yette s'égayait.

Nicole devenait plus réfléchie.

Près de cette dernière, Fernand, l'amoureux délaissé de la volage Odette, semblait avoir oublié le quartier latin tout entier.

L'idylle s'ébauchait entre les deux jeunes gens à qui ces vacances favorisées par un temps propice, ménageaient souvent le tête-à-tête.

Ce dimanche, de très bon matin, il sétaient partis pour une moisson de fleurs des champs, dont Nicole voulait orner la salle à manger, les fleurs du jardin devant garnir le salon.

Ils prirent, au bout de la longue tonnelle, — le refuge pendant la journée contre la chaleur, — une petite porte donnant directement sur la campagne.

De l'autre côté du chemin herbeux, des pièces de blé, de seigle, d'avoine.

Les blés montraient parmi les épis superbes, la tache sanglante de coquelicots, la blancheur des grandes marguerites, le bleu cru des bluets.

La jeune fille disparut presque à l'entrée du champ.

On ne voyait plus que son chapeau souple au-dessus des tiges agitées.

— Vous savez, Nicole, que c'est défendu !

Fernand riait, n'étant pas loin d'en faire autant.

— Je sors, je sors, cria-t-elle, je ne m'avance pas, vous voyez... j'aime tant les fleurs des champs...

Ils s'assirent bientôt au bord d'un fossé.

Elle mit des coquelicots, son chapeau défait, dans ses cheveux d'or.

Il l'aida à faire sa gerbe, l'un près de l'autre, bien serrés sous l'ombrage d'un vieux chêne.

Comme par hasard leurs mains s'effleuraient, se touchaient.

Celle de l'étudiant en médecine emprisonna les doigts en fuseaux, aux ongles rosés.

Il la porta à ses lèvres.

Un instinctif mouvement de Nicole, pour se dégager, rien qu'un mouvement.

La main demeura encore prisonnière.

Les yeux se rencontrèrent, les yeux bleu-de-lin de l'enfant blonde, les yeux bruns de l'amoureux.

Et ce regard fut un aveu muet.

Nicole devint très rose.

Fernand tout pâle d'émotion, finit par murmurer :

— M'aimerez-vous un peu ?

Elle baissa les paupières; elle se laissa attirer doucement, de façon que sa tête touchât l'épaule du jeune homme.

Il mit un baiser sur son front, puis il redemanda :

— M'aimerez-vous ?

Le : *oui* s'échappa des lèvres, où il n'osa poser les siennes.

A peine un effleurement, dont il eut presque regret.

Qu'il était loin du quartier Latin, qu'il était loin d'Odette !

N'était-ce pas seulement d'aujourd'hui, qu'il aimait ?

Ils revinrent chargés chacun d'une brassée tricolore.

Nicole emplit la salle à manger de rouge, de blanc, et de bleu.

Yette arrivait.

Elle avait eu une longue lettre de Jacques, dont le père n'allait pas plus mal.

Elle se disait contente, avec cependant, un souci au front, une flamme dans le regard, lorsqu'elle demanda au vieux médecin :

— Comment va la meunière, Docteur ?

— Cela suit son cours, répondit ce dernier.

— Enfin, elle peut guérir ?

— Je ne crois pas... Je ne crois plus, ma chère petite.

— Vivre encore plusieurs mois, vous avez dit.

—Oui, passer peut-être l'hiver... Mais à propos de la meunière, elle m'a demandé :

« Qui donc est cette jolie petite femme, venue l'autre jour, avec votre petit-fils ?... J'aurais plaisir à la revoir... elle m'a souri avec tant de bonté. »

— J'irai la revoir, Docteur, vous pouvez le lui annoncer.

On devait passer une après-midi charmante.

Promenade en bateau, au long de la Seine, aux rives pittoresques, échelonnées de villages, penchées comme Bourg-en-Seine sur le fleuve limpide, vierge des limons des villes, de prairies verdoyantes, où, comme en Normandie, les grands bœufs fauves, les vaches au pis lourd tondaient l'herbe épaisse.

De vieux clochers semblant émerger de nids de verdure, de temps en temps un donjon antique, sur une hauteur.

Fernand et Nicole, assez sportive, ramaient en cadence, à peu près sans fatigue, la barque filant d'elle-même sur l'eau tranquille, Yette au *gouvernail*, Mme Darembert se laissant aller à la douceur de l'heure, heureuse du bonheur de sa fille et de l'espérance d'un mariage lorsque le jeune homme aurait passé sa thèse.

Son mari, parti dans le cabriolet du Docteur, ce dernier ne négligeant pas ses malades, même le dimanche, devait les rejoindre avec lui à un endroit choisi, un bouquet de bois, sur la rive opposée au bourg, où l'on goûterait, vers les cinq heures.

Ce bouquet de bois se trouvait dans le pré que coupait le large ruisseau, alimentant le moulin.

La vieille bâtisse s'écrasait au bord de l'eau.

Le dimanche, la roue était immobile, muette.

Yette dit :

— Je vais voir la meunière... quelques minutes seulement, puisque ces Messieurs ne sont pas encore là.

Rapidement, elle traversa le pré, de grandes herbes jusqu'à mi-jambes.

Elle enjamba un pont étroit, légère, sans même faire craquer les planches disjointes.

A peine était-elle sur l'autre bord, que quelqu'un émergea d'un des côtés de la vanne.

Instinctivement, Yette se tapit derrière un buisson.

Un homme passa, frôlant ce buisson, gravit d'un élan les trois marches de la maison et disparut en claquant la porte derrière lui :

Il portait quelque chose qu'il serrait de ses deux mains contre sa poitrine.

Quoi ?

La jeune femme eut un tel battement de cœur, que sa gorge se contracta.

Il lui sembla qu'elle perdait la respiration.

Une sueur froide suinta à ses tempes.

Ce n'était pas le moment de se trouver mal.

Yette, mentalement, répéta :

— Mon Dieu ! mon Dieu ! si c'était *le coffret !*

Ses oreilles bourdonnèrent, elle ferma les yeux.

Et, paupières closes, elle vit, comme Phrasie le lui avait dépeint, le coffret noir que, quatre années auparavant, Mme Poinsot venait sans doute cacher près de la vanne... puisque Phrasie ne l'avait jamais retrouvé.

Il sortait, le garçon Perrin, de cet endroit que désignait la servante de la ferme des Acacias.

Y avait-il donc, dans cette vieille boîte, de quoi apporter au fond du cœur vibrant de Yette, la perturbation qui la laissait tremblante et si pâle, qu'elle semblait près de la syncope ?

Tout à coup, elle rouvrit les yeux...

Par une fenêtre ouverte, des voix arrivaient jusqu'à elle, une voix d'homme rageuse, triomphante, menaçante, une voix de femme, faible, mais distincte dans le silence du moulin.

— Ah ! je l'ai trouvée ta cachette ! je l'ai trouvée ta sacrée boîte !... Ce que je vais la défoncer à coup de marteau !

— Coquin ! canaille ! voleur !

— Voleur ?... lequel des deux ?... Toi... qui m'as fait voler... le reçu... pour rien... pour rien... puisqu'on ne pouvait pas vendre les titres. Je les ai maintenant, je les ai...

— Tu ne pourras pas plus les vendre aujourd'hui, misérable !...

— Tu crois que je n'ai pas un projet ?... et que je ferai réussir. Je veux être riche... Je veux du bien... Ce que je m'en f... de ton moulin... qui tombe en ruines... Je t'ai dit que je m'étais engagé avec la Flavienne... si j'ai de l'argent elle m'épouse... Tu n'en as pas pour longtemps à crever...

— Canaille ! C'est toi qui m'as poussée...

La fenêtre claqua, refermée.

Yette n'entendit plus rien.

Elle essaya de se redresser.

Comme tout à l'heure, ses oreilles tintèrent, et tout de son long, elle tomba contre le buisson, complètement évanouie.

Cette syncope ne dura que quelques minutes.

La pensée à peine absente du cerveau, y revint, ramenant la vie qui suscite la réaction plus ou moins rapide.

Elle fut presque brutale, chez celle qu'on appelait dans le milieu de Jacques Debreuil, « sa petite Yette ».

Debout, les mains jointes, les yeux vers le grand ciel lumineux, la petite Yette priait :

— Maman, maman, qui es là-haut... secoure-moi, dis-moi ce qu'il faut faire... Maman... faut-il tout dire de suite... O ma maman chérie, inspire moi... que faut-il faire ?

La porte se rouvrit brusquement.

L'homme — le Perrin — reparut en haut des trois marches.

Il jeta, à l'intérieur :

— Tu vas bientôt me débarrasser... mais si tu me trahissais, d'ici ta crevaison, c'est sur toi que ça retomberait... Je ne connais pas, moi les papiers... Je n'ai jamais entendu parler de ça... jamais... et, n'aie pas peur, je vais leur choisir une autre cachette !

Il claqua la porte, descendit les degrés.

La jeune femme eût voulu s'élancer, crier

Aucun son ne sortit de sa bouche, ses jambes mollirent de nouveau.

Cette fois, elle ne tomba pas.

La pensée qui animait son énergie tout à l'heure, s'empara encore de son cerveau.

Elle suivit des yeux sur la route blanche, le Perrin qui s'en allait vers le bourg.

Dans ses prunelles, une joie remplaça l'angoisse.

Et, en s'en retournant, vers le bouquet de bois, elle dit :

— J'y arriverai... j'y arriverai... maman chérie, pourquoi es-tu morte si tôt ?.. quelque chose me dit, que j'y arriverai !

Il était temps qu'elle rejoignît ses compagnons.

Le professeur et le docteur, venaient d'arriver.

Du bateau on avait tiré la nappe et les provisions.

On étalait le goûter sur l'herbe.

VII

Le lendemain dans l'après-midi, Yette reçut avec un certain émoi, un télégramme.

Jacques avait perdu son père ?

A peine sa main un peu tremblante, ouvrait-elle le papier bleu, que sa figure s'éclaira.

Serai Paris demain pour quarante-huit heures, viens chérie.

Jacques.

La joie de revoir celui qu'elle aimait, emplit d'abord le cœur de Yette.

Puis, une crainte troubla cette allégresse.

La meunière, brusquement très mal, lui disait le docteur qu'elle rencontrait dans la matinée, justement aux abords du moulin, allait-elle mourir pendant son absence ?

Elle s'était promis, de lui parler, de forcer ses confidences...

Que faire ?

Quel conseil demander ?

A qui ?

Elle entra vers le soir, dans la salle au fond de laquelle, Mme Poinsot geignait dans le lit aux rideaux de vieille indienne.

3

Une religieuse de Saint-Vincent-de-Paul, était à son chevet, envoyée par le médecin.

Car personne, dans le bourg, ne voulait venir veiller « la meunière du moulin maudit ».

Et Perrin n'avait point paru, depuis vingt-quatre heures.

La religieuse demanda à la jeune femme, à peine celle-ci fut-elle entrée, si elle ne voulait pas demeurer près de la malade pendant trois quarts d'heure, environ, le temps de descendre jusqu'à l'hôpital, où elle ferait exécuter l'ordonnance du docteur, qui rentrerait peut-être très tard à Bourg-en-Seine, le temps aussi, de demander le prêtre.

Cela vaudrait mieux que de laisser seule, cette abandonnée.

Cette proposition, servait le projet de Yette.

Elle s'assit près du lit, vainquant la nausée qui la prenait, les relents de la couche où la décomposition organique accomplissait son œuvre, arrivant à ses narines.

La pièce sombre généralement, l'était plus encore, des nuées noires au ciel, s'amassant, orage qui éclata, à peine la sœur de Saint-Vincent-de-Paul, partie.

De grands éclairs traversèrent la salle, passant sur le lit où se détacha la face jaune et sèche de celle qui avait été, affirmait la chronique, une des plus belles femmes du pays.

Les yeux, seuls vivants dans sa figure de momie, s'attachaient à ceux de cette garde-malade, dont elle avait réclamé la présence.

La reconnaissait-elle ?

Oui, au bout d'un instant, elle murmura, avec difficulté :

— C'est vous, la jolie petite dame, qui êtes entrée l'autre jour ?

— C'est moi, répondit la visiteuse; le docteur m'a dit que vous demandiez à me voir :

— C'est un brave homme... oh ! oui, c'est un brave homme... Il faudra que je lui parle... et aussi que je parle au curé.:. Je ne veux pas m'en aller comme ça... J'ai peur...

D'une voix qui tremblait, Yette demanda :

— Pourquoi avez-vous peur ?

— Je vais mourir

— Mais non, vous n'allez pas mourir.

— Ça c'est aggravé tout d'un coup... je sens bien que je n'en ai plus pour longtemps... il y a des moments, où je souffre le martyre... et ce coquin m'abrège... je veux aussi voir le notaire... Je lui ai tout donné à Perrin... le moulin est en bas, mais j'ai du bien... il ne faut pas qu'il ait un sou... Il a dit qu'il repasserait vers le soir, le docteur... pourvu qu'il repasse...

— Bien sûr, s'il l'a dit.

Elle parla la voix coupée, haletante.

— Vous comprenez... ma petite dame... je me confesserai au curé.:. mais la confession..: c'est le secret... le notaire... lui..: il a assez des affaires... puis, j'ai confiance en M. Moritz, quoi:.. c'est à lui que je veux parler... Ça perdra Perrin, il ne l'aura pas volé... Je l'ai pourtant bien aimé, la canaille... mais si je suis là... c'est sa faute... oui, sa faute... il m'a poursuivie..: il m'a poussée... ah ! la canaille, la canaille.

L'orage grondait toujours déchaîné, formidable.

Livides, les zébrures fulgurantes, passaient sur le lit, en zig-zags.

Le visage, jauni; presque noirâtre, restait immobile.

Les paupières se soulevèrent, les lèvres frémirent.

Les paroles se succédèrent, plus hâchées, plus incohérentes.

— Au notaire aussi... il faudrait... il fau... drait raconter... Je ne veux pas m'en aller... m'en... aller:.: comme ça..: le no... taire... le notaire... M: Mo..: ritz... que... le curé... s'en aille.:: je suis damnée:

Quand la sœur revint, avec les médicaments, calme sous sa cornette blanche, la meunière délirait.

— J'ai prévenu M. le Curé, dit-elle; il faudrait alors demander tout de suite le notaire... Voulez-vous le faire, moi je ne puis plus la quitter... Le docteur craint une hémorragie interne... un arrêt du cœur... enfin une mort précipitée... Cela arrive, dans des cas comme le sien.

— Je cours au village, ma sœur.

— Dites-lui qu'il doit venir absolument aujourd'hui.

— Vous la croyez si mal ?

— Oui... Je suis habituée aux malades, et je sais que M. Moritz ne se trompe pas souvent.

— Il pensait qu'elle pourrait vivre encore plusieurs mois.

— S'il ne survenait pas de complications... il en est survenu.

— Je vais chez le notaire, ma sœur.

— Je crois qu'il faut qu'il se presse madame.

Le notaire arriva, dans la soirée, le prêtre avait administré l'Extrême-Onction, à la fin de l'après-midi.

Le D\u02b3 Moritz était là, avec son petit-fils.

Tous deux pourraient servir de témoins, s'il y avait lieu.

Le garçon Perrin entra, vers les dix heures.

— On m'a dit que la bourgeoise était bien malade.

Le vieux médecin lui montra la porte à peine refermée.

— Votre place n'est pas ici, retournez d'où vous venez, Perrin.

— Mais monsieur le Docteur, il n'y a que moi pour faire marcher le moulin.

— Le moulin n'a plus besoin de marcher... la meunière est morte.

Le garçon blémit.

— Mais ses affaires sont faites...

— Il y a un autre testament.

S'il était possible, Perrin pâlit encore...

Portant machinalement la main, à son petit feutre rond, il articula :

— Au revoir, monsieur le Docteur.

Et il sortit sans se retourner.

Yette apprit le lendemain, la mort de Mme Poinsot, par le médecin lui-même.

— Cette mort, lui dit celui-ci, va sans doute dénouer un drame, faire réviser un jugement... Je ne puis en dire davantage, quant à présent...

Elle prenait le train un quart d'heure plus tard, conduite à la gare, par Nicole et Fernand.

— Je serai là, sans doute dans deux jours, dit-elle, avec un dernier signe d'adieu, par la portière du wagon de troisième classe.

Elle avait un visage troublé, une sorte de joie, mêlée d'inquiétude, la joie de partir, peut-être le regret de ne pas rester.

Deux heures de chemin de fer, vingt minutes de trajet, de la gare Saint-Lazare à la rue Cujas, où ils avaient leur chambre, la petite madame Debreuil arriva la première.

Elle s'attendait à trouver Jacques, déçue dès son passage dans la loge où elle apprit qu'il n'était pas encore là.

Cette chambre lui parut très triste, où ils avaient pourtant été si heureux.

Elle, avec le poids de son secret, lui, avec la contrainte qu'elle lui sentait parfois... jusque dans leurs baisers... dans le regard qu'il fixait sur le sien... dans le sourire soudain attristé de sa bouche, amoureuse.

Yette écarta vivement le rideau épais tiré sur la fenêtre pour empêcher le soleil de trop darder, dans la pièce sans habitants.

Elle l'ouvrit toute grande, cette fenêtre, où les poids de senteur, les liserons et les capucines se flétrissaient, sans eau depuis le départ.

Et il entra, le soleil, tandis qu'elle époussetait de ci, de là.

Que de poussière, en une dizaine de jours !

Un pas dans l'escalier...

Elle eut un cri de joie, en ouvrant la porte.

Son Jacques la serrait dans ses bras.

— Comme tu as changé, ma chérie... Comme tu as bonne mine... la peau qui se dore, des couleurs... du rose aux joues, toi ma Yette, mon amour, ma femme. Quelle étreinte !

— Mais toi, tu n'as pas très bonne mine, pût-elle dire, sous les baisers qui l'étouffaient.

— Moi... j'ai veillé mon père... j'ai trouvé ma mère affaiblie, très triste, mes sœurs ayant elles aussi, perdu leur gaîté... Enfin, la crise est surmontée, crise cardiaque qui pouvait l'emporter. Il a voulu lui-même que je vienne... mes camarades tu le sais, comptaient absolument sur moi pour le *Débineur*.

— Ah ! votre fameux journal... Je croyais que c'était à la rentrée seulement...

— Il faut le préparer... Nous aurons les vacances, ça ne sera pas trop certainement... Voilà les examens finis, des reçus, des blackboulés... il fallait que je vienne à Paris; mon maître Lauget me propose une garde aux environs, pendant au moins un mois, cela me rapportera une jolie somme qui nous viendra à point pour l'hiver... Puis, je suis très honoré d'être choisi par lui... Le malade est un personnage... Qui sait si cela ne me donnera pas, plus tard, un noyau de clientèle...

— Alors, tu ne retourneras pas chez tes parents ?

— Mon père va mieux, ils ont compris, je t'ai dit que lui-même m'a poussé à venir.

— Mais nous serons tout de même séparés ?

— De toute façon, une garde près d'un malade comporte l'abstraction de toute liberté... J'entrerai en fonction dimanche prochain, c'est-à-dire demain.

« Toi, tu retourneras à Bourg-en-Seine, cela te réussit, mon petit.

Elle le regarda bien au fond des yeux pour lui dire :

— Et quand je reviendrai de Bourg-en-Seine, j'espère bien, mon Jacques, ne plus avoir de secret pour toi.

Il la repoussa, pris d'un saisissement qui mettait une pâleur sur ses joues, et de la joie dans ses prunelles.

Puis brusquement, il la reprit, l'étreignit à deux bras.

— Plus de secret !... Tu ne sais pas quel poids, tu m'enlèveras, et comme il faut que je t'aime pour l'avoir supporté, ce mystère entre nous... pour le supporter encore jusque-là... jusqu'à ton retour de là-bas... Au moins, est-ce vrai, tu me diras...

— Je te dirai... j'espère... même si le résultat n'était pas... ce que je crois... Je te dirai, mais jusque-là... jusqu'à ce que je parle volontairement, ne me demande pas... ne me demande rien.

— Rien, je te promets, rien.

— Merci, je suis contente... contente... Oh ! oui... pourtant, je n'ose pas espérer... Oh ! mon chéri... mon chéri...

— Yette, ma petite Yette... comme tu t'exaltes... tu as la fièvre...

— Non... ou c'est une fièvre de joie, et la joie ne fait pas de mal...

— Eh même ta joie, tu ne veux pas me la faire partager ?

— Je ne veux pas, c'est mal... pardonne-moi... Alors, tu penses prendre ta garde, auprès de ce riche malade ?

— Demain soir.

— C'est tout de même, bien vite.

— Je vois mon maître tout à l'heure..., j'assiste ce soir à notre réunion pour le *Débineur*... tu sais que tu peux y venir avec moi.

— Ah ! ça, c'est gentil, de m'emmener, chéri ?

— Peut-être ne la prendrai-je qu'après-demain soir, cette garde.

— Oh ! je voudrais.

— Moi aussi... Je n'en sais rien du reste... Nous nous serons toujours embrassés, ma chérie.

— Tu regrettes ton voyage ?

— Oh ! méchant... j'aurais désiré plus longtemps... et pourtant...:

— Pourtant ?

— Il faut que je retourne à Bourg-en-Seine, le plus vite possible...

— Tu t'y sens bien, tu t'y fortifies... Raconte-moi... Fernand devait venir s'il y avait avant les vacances définitives, une réunion pour le *Débineur*, t'a-t-il accompagnée ?

— Non, il m'a demandé de te dire, qu'il se fichait du *Débineur*, qu'il te donnait du reste, pleins pouvoirs en son nom... Je crois qu'il a cette fois, le cœur bien pris, Fernand.

— Le charme de Nicole Darembet, aurait-il opéré ?

— Et pleinement... Elle est si attirante ! ce n'est pas étonnant... mais cela durera-t-il ?

— Moritz est très capable de s'attacher, et de s'attacher solidement... l'essentiel est que cette charmante petite Nicole réponde à ses sentiments.

— Entièrement, et comme ses parents, et le docteur ne demandent que cette union, je crois qu'ils seront bientôt fiancés.

— Vraiment ? tant mieux... Fernand aura vite rattrapé son examen perdu, c'est un garçon de valeur, son ambition du reste est de remplacer son grand-père.

— Et Nicole dit, qu'elle adore la campagne... Elle ajoute en riant :

« A condition qu'on ait une auto.

— Ils l'auront... et l'héritage... et Nanon...

— Nanon plus calme il paraît que l'affaire va définitivement se régler...

« On y laissera plus de la moitié de ses plumes, dit-elle, mais enfin, on aurait pu y laisser tout ! »

— Evidemment.

Tout en causant, les deux jeunes gens, allaient par la chambre, Yette achevant de ranger les objets qu'elle venait de déplacer, Jacques ouvrant sa valise, pour en tirer deux ou trois bouquins.

Sur la cheminée, le petit cadre qui renfermait la photographie de sa mère, glissa, la vis encore détachée.

Et, sous les yeux de Jacques qui remontait à ce moment, le réveil leur servant de pendule, l'autre photo, celle qu'il reglissait à sa place, la nuit précédant leur départ pour la campagne, se détacha de nouveau.

Dans un geste pour ainsi dire involontaire, il la saisit.

— Tiens, qui est-ce, ça ?

Elle répondit, toute pâle, mais sans hésitation :

— C'est papa.

— Ton père ?

— Oui.

Il la prit, la considéra :

— Tu lui ressembles.

— On le disait.

— Pourquoi est-elle là ?

— C'est maman qui l'y a mise... Quand nous avons déménagé, son cadre s'était cassé... Je vais en acheter un autre.

— Mais oui, il ne faut pas la cacher... Veux-tu que nous l'achetions ensemble, le petit cadre ?

— Oh ! oui, je veux bien... pauvre cher papa, il m'aimait tant !

— Eh bien, tout à l'heure, en descendant le Boul'-Mich.

Une heure plus tard, ils descendaient ensemble ce Boul' Mich, cher aux étudiants de toutes les époques...

On acheta le petit cadre, que la jeune femme fourra dans son réticule.

VIII

Ils entrèrent au café Richot, une longue salle avec un aussi long sous-sol, aménagé succinctement pour les réunions de tous genres, des groupes d'étudiants qui voulaient être tout à fait chez eux.

Bien qu'ils n'y fussent guère qu'une quinzaine, la salle était déjà pleine de tapage et de la fumée des cigarettes.

La bienvenue monta par l'étroit escalier, au bas duquel on les annonçait.

— Debreuil, on t'attendait pour ouvrir la séance... C'est toi qui présides. On se demandait si tu avais rappliqué de ta province.

Tu nous amènes Mme Yette, à la bonne heure !

— Vive le ménage d'amoureux !

Et une voix tonitruante :

— Dépêchons ! moi je pars ce soir, et les autres se défilent demain.

Il y avait là, côté féminin, une étudiante étrangère, au type masculin, et deux petites amies de ces messieurs.

Tout le monde se dérangea pour caser Yette.

Les bocks circulaient.

Il régnait malgré l'ouverture de tous les soupiraux, une douce chaleur.

Sur une estrade de circonstance, un grand garçon monta, qui portait sous son bras, un paquet noir.

A côté de l'estrade, la chaise du Président; Debreuil s'y assit.

Affectant, en passant dedans ses cinq doigts écartés, de dresser encore ses cheveux en brosse, l'orateur jeta d'une voix de basse, qui sans passer par le baryton, monta jusqu'au ténor, un avertissement péremptoire :

— Fermez, s'il vous plaît, pendant cinq minutes.

Des rires, des lazzis, quelques cris :

— Silence !

Et, la voix tonitruante :

— La parole est à Fontainier, qu'on le laisse dégoiser.

Alors, celui-là, détortillant son paquet :

— Nous vous couvrons de nos insignes; que ceux qui ne se sentent pas capables de nous accorder l'attention

— Du scandale sur le cercueil de ma mère, non ! (p. 68).

que nous méritons, foutent le camp, ce sont des crétins !...

« J'ai dit...

— Bravo Fontainier !

— A bas Fontainier !

— On voit qu'il a raté ses examens, cet animal-là, il est ferré sur ses droits de futur maître du barreau.

Fontainier enfilait, sans quitter son canotier de paille blanche, avec des grands mouvements d'ailes, une robe noire, donnait quelques pichenettes sur son rabat, et de sa voix de poitrine la plus profonde :

— Si vous ne respectez pas l'individu, inclinez-vous devant les conclusions de l'avocat.

— Sans causes !

— Est-ce que tu chercheras les clients en faisant du raccolage avec les garçons de bureau ?

— Penses-tu ! il se faufilera chez les petites femmes qui veulent divorcer !

Avec encore un ample mouvement du bras, Fontainier se voila la face, d'un pan de sa robe.

Puis, atteignant la plus haute note du registre de ses cordes vocales :

— C'est pour nous élever contre tous les abus, les abus du barreau, ceux de la médecine, que nous fondons l'organe... l'organe qui crée la fonction, si la fonction crée l'organe, et si l'organe crée...

— Assez Fontainier, il y a des dames.

— Que nous fondons l'organe qui va s'appeler le *Débineur*.

— Nous le savons bien, dépêche-toi ?

— Et à la tête duquel, se placent les plus éminents de nos camarades, à commencer par votre serviteur.

— Salue, Fontainier !

Il salua à tant de reprises que l'estrade bascula, que son chapeau tomba.

Les auditeurs, se précipitèrent, le verre traditionnel roula.

— Casse ! verre blanc, ça porte bonheur ! cria une des petites femmes.

— Vive le *Débineur !*

— Début : On tire à cent mille !

Fontainier retrouva son chapeau, qu'il garda à la main.

L'estrade remise d'aplomb, Debreuil agita une sonnette posée à un coin, et qui n'avait perdu qu'une stabilité momentanée.

L'orateur remonta sur son tremplin.

— Messieurs et chers concitoyens, nous ne sommes pas ici, pour rigoler; je ne vous demande que dix minutes d'attention... pas même dix minutes, huit minutes... cinq minutes... deux minutes... une minute et demie, montre en main... que ceux qui n'ont pas leur toquante au clou, constatent...

— Vas-y de ta minute et demie.

— Comment, tu n'as pas fini ta harangue ?

— Tu n'as plus que soixante secondes.

— Accouche, malheureux, accouche !

— Messieurs, si vous ne vous taisez pas, je me couvre !

— Tu l'étais bien tout à l'heure.

— Je vais prier Monsieur le Président, de faire évacuer la salle.

— *Manu militari!*

Fontainier, d'un nouveau coup d'aile, se voila la face.

Et, avec une noblesse de geste, peut-être excessive :

— La ferme !...

Le président agita encore la sonnette.

— Messieurs, je donne ma démission, si vous empêchez l'orateur de parler... Moi, je n'ai pas plus d'une d'heure à vous accorder.

Le silence d'un seul coup.

Fontainier, très digne, commença :

— Messieurs et chers concitoyens, actionnaires et propagandistes du *Débineur*, dont vous devez former la rédaction non payée, cette réunion de la dernière heure est pour vous annoncer qu'après les nombreuses vicissitudes que vous connaissez, nous sommes en mesure, dès la rentrée, de mettre à exécution le projet longtemps caressé, d'avoir un journal à nous, journal où n'entrera ni corruption, ni chantage, ni publicité à l'escroquerie... feuille unique en son genre, par conséquent.

— Tu l'as dit !

— Glisse, Fontainier !

— Cet exorde est nécessaire, puisqu'il établit notre ligne de conduite... ligne de conduite absolument irréductible... Dans ce discours qui passera, je l'espère, à la postérité, je vais débuter par une métaphore, qui ne sera point pour vous déplaire, encore moins pour vous offusquer... Si la formation fut laborieuse, le nouveauné, je puis vous le prédire, viendra tout seul... il n'aura pas besoin de la couveuse qui achève la gestation... Dix-huit mois de préparation, le feront deux fois viable... car depuis dix-huit mois, cet enfant est conçu.

« Quant aux mamelles où il puisera sa nourriture...

Ce fut le chahut.

— Montre-les !

— Le lait fécond...

— Ous qu'il est ?

— J'ai l'honneur de vous présenter...

— Les nourrices ?

— Parfaitement...

Air des lampions :

— *Les nourrices ! les nourrices ! les nourrices !*

Fontanier domina le vacarme :

— Les nourrices ordinaires et extraordinaires qui tireront de leur unique ciboulot, cet aliment phosphaté destiné à sa précieuse existence.

— *Les nourrices ! les nourrices ! les nourrices ?*

— Messieurs, je me couvre !

L'orateur s'enfonça son chapeau jusqu'au nez.

Troisième coup de la sonnette présidentielle.

Silence.

Fontanier enleva son chapeau.

— Première nourrice, Monsieur Jacques Debreuil, directeur, rédacteur en chef, futur médecin des hôpitaux.

— Bravo ! Bravo !

— Deuxième nourrice : Monsieur Georges Hardouin, qui a juré à son grand-oncle âgé de quatre-vingts-dix-huit ans de lui rendre la vue dès qu'il sera médecin en chef aux Quinze-Vingts... c'est-à-dire, dans une trentaine d'années d'ici.

— Bravo Hardouin ! Bravo !

— Vive l'Oculisse !

— Et qu'est-ce qu'il fera, dans la feuille de chou, l'oculisse ?

— Il ouvrira tous les yeux à la lumière... C'est-à-dire, qu'il montrera les petites saletés des Facultés... Droits, Médecine, etc., etc...

— A la bonne heure !

— Et toi, là-dedans, Fontainier ?

— Secrétaire de la rédaction, chef du débinage.

— C'est ton affaire... parfait, la composition du « canard ».

— Quant à vous, Messieurs, présents ou absents, en cette fin d'après-midi mémorable et chaude, vous serez la texture même... permettez-moi d'enlever mon insigne... la texture même du « canard » si je puis m'exprimer ainsi... Aux petits pois, aux oignons, en pâté, en compote, à la Rouennaise, pourvu qu'il soit délectable, que vos lecteurs s'en pourlèchent les babines, et qu'il serve à la défense de la veuve et de l'orphelin.

Et, tout en se débarrassant de sa robe qu'il lança en paquet par-dessus l'assistance :

— Tout en étant, cela va sans dire, et je puis vous l'affirmer, en tant que futur avocat, le protecteur des escarpes et des assassins.

— Bravo Fontainier !

— Ça coule de source !

— Ne ferme pas encore ton robinet.

— Je le rouvre...

— A la bonne heure !

— Un banc pour Fontainier !

— Un, deux, trois, quatre. cinq... un, deux, trois, quatre, cinq... un, deux, trois... un !

L'orateur demanda, en saluant, une main sur son cœur :

— Qui est-ce qui me donne la carafe ?

— Voilà !

Il but à la régalade, repassa la carafe à qui de droit, et se lança dans sa péroraison.

— Mesdames, car je l'espère, nous aurons aussi, d'aimables lectrices, Messieurs, voici donc le but, du *Débineur* : Signaler, plutôt sous une forme humoristique, les abus dans les hôpitaux, les Facultés, les Instituts... aussi bien qu'à l'Ecole de Médecine, de Droit, des Chartes, à Centrale, aux Mines, aux Beaux-Arts...

« Nous promener au Palais de Justice, fouiner chez les notaires, les avoués, les huissiers, avocats, hommes d'affaires, démasquer les agences à l'entôlage, enfin fourrager avec notre bonne rapière, dans le tas des mécréants, qui vivent sur le dos des gogos, simples d'esprits, ou honnêtes gens, ce qui est identique.

— Kif. Kif... affirmèrent plusieurs auditeurs.

— Encore un banc..

— Et vivement à nos valises, on part !

— Un, deux, trois, quatre, cinq... un, deux, trois, quatre, cinq... un, deux, trois... un !

Mouvement général vers le petit escalier.

Les mains en entonnoir, Fontainier beugla littéralement :

— Dès la rentrée, on apporte ici sa copie... le Comité de rédaction fait son choix, et le numéro est constitué... Est-ce bien entendu ?

— Pardieu ! oui, c'est entendu !

— C'est le père de Chervin, qui...

— Qui ça, Chervin ?

— Elève des Beaux-Arts, section d'architecture.

— Eh bien, qu'est-ce que son père vient faire là-dedans ?

— Il imprime.

— A l'œil ?

— Les trois premiers numéros.

— Espérons qu'il continuera !

— Je n'ai pas besoin d'ajouter que les actionnaires doivent verser leur première mise dès la séance de rentrée, nous avons quelques fonds en caisse, mais insuffisants... Que chacun fasse de la propagande, tout le quartier doit donner... les actions sont à cinq frncs !

— C'est un peu cher !

— Nous inaugurerons notre Canard par un concert suivi de bal, à la Maison des Etudiants... Qu'on se le dise !

— On se le dira !

— Et maintenant, à la rentrée !... Allez aux champs, vous avez tous besoin de vous mettre au vert !

— Tu l'as dit, toi le premier, bazochard.

En se retrouvant seuls dehors, après les adieux aux camarades, Yette interrogea :

— Je me demande pourquoi cette réunion... Qu'a-t-on décidé ?

Jacques se mit à rire.

— Qu'on se retrouverait à la rentrée... On a hâte de partir, on a pris tout à la blague... Sois sûre que chacun apportera sa copie... Cela sera sur pied, en novembre.

— Aura-t-il vraiment un autre but que celui de vous amuser vous-mêmes, votre canard, comme ils disent.

— Un but, au fond, très sérieux... Par exemple, une erreur judiciaire a-t-elle été commise ?... Nous nous en emparons... Et nous pouvons forcer la grande Presse à marcher.

— Une erreur judiciaire ! répéta Yette, les lèvres pâles, mais serrant nerveusement le bras du jeune homme, c'est beau, de poursuivre un pareil but !

Il la regarda :

— Comme tu es blanche, ma chérie... es-tu malade ?

Il faisait si chaud dans cette cave...

— Tu ne te trompes pas, c'est une cave... mais la fumée, la lumière... Es-tu mieux ?

— Mais oui, je n'ai rien du tout, mon Jacques... le temps est si orageux !

— Je te remets à notre porte, et je m'en vais... Vraiment, tu n'es pas malade ?

— Pas du tout, pars tranquille et reviens bien vite.

Lorsque Jacques remonta les cinq étages de la rue Cujas, il vit sur la cheminée, dans le petit cadre acheté quelques heures plus tôt, à côté de celle de la mère, la photographie du père.

Yette avait beaucoup pleuré.

Elle se jeta à son cou :

— Ne t'inquiète pas... Il y a si longtemps que je n'ai été aussi heureuse... Mais je pense à ma pauvre chère maman, morte dans quelle tristesse !... Puis je me dis que nous allons être séparés un mois...

— Tu te plais à Bourg-en-Seine ?

— Et j'ai besoin d'y être.

— Tu as besoin... Est-ce un autre mystère, mon petit ?

— Oui, mon grand... un autre qui est le même. Je t'ai promis que tu saurais tout, bientôt.

— J'attendrai... Je te conduirai à ton train demain matin. Moi, je partirai avec mon maître en auto... Le château est en Seine-et-Marne, pas loin de Melun.

— C'est dans un château ?

— Oui, je te donnerai l'adresse... Une garde qui vous rapporte deux mille francs, c'est quelque chose... Au début de l'hiver, cela nous fera du bien.

— La chance va nous venir...

— Nous avons celle de nous aimer, elle attirera l'autre, mon petit.

Le lendemain dans l'après-midi, la petite Mme Debreuil rentrait à Bourg-en-Seine.

Elle dînerait chez le Dr Moritz.

Fernand et Nicole la reconduiraient le soir à la ferme des Acacias, accompagnés de M. et Mme Darembet.

Le lendemain, on enterrait la meunière du moulin maudit.

IX

Jamais on n'avait vu, à vingt lieues à la ronde, un corps partir au cimetière, aussi peu accompagné que celui de Mme Poinsot, la meunière.

— Enlevée comme une pourriture, disaient les gens de Bourg-en-Seine.

Le prêtre suivait en surplis blanc, l'enfant de chœur portant la croix, la religieuse qui l'avait veillée.

Personne autre.

Deux hommes, au moment où le cercueil porté à bras, par les croquemorts entrait au cimetière, arrivèrent l'un par la route, l'autre par un chemin creux.

Celui qui sortait du chemin creux, c'était Perrin.

Les gens qui regardaient au loin, le reconnurent...

L'autre, tout poussiéreux d'avoir longtemps peut-être marché sur la route poudreuse, suscita suffisamment la curiosité, pour qu'un gars quittât sa charrue, pendant que quelques femmes s'approchaient.

— Le Perrin ! quel toupet, la canaille !

— Ah ! la malheureuse ! il lui a fait expier sa gueuserie !

Ce fut le gars de charrue qui reconnut l'homme arrivant par la route.

— Mais c'est Jules Poinsot... C'est toi, Jules ?

— C'est moi, Henri... J'ai su la chose seulement ce matin... Je n'ai pas voulu la laisser mettre en terre sans y être... Que veux-tu, c'est ma mère...

— Et elle t'aimait bien avant que le Perrin...

— Est-ce que c'est lui, là-bas ?

— C'est lui.

— Je pense que quand il va me voir, il s'en ira.

— Ma foi non ! va...

— Ne fais pas de scandale, Jules, dit une très vieille femme, à cornette...

— Du scandale sur le cercueil de ma mère, non.

« J'ai été forcé de me placer ailleurs, quand j'étais chez moi, au moulin. Depuis quatre ans, je n'y suis pas rentré... Il y a longtemps que je sais qu'elle m'a dépossédé de tout ce qu'elle a pu... le reste sera peut-être vendu par l'huissier... mais...

Un sanglot, roula dans la gorge du fils chassé par l'amant.

— Pleure pas, mon gars, fit la vieille, elle a été bien punie, ta mère, mais toi, si c'est vrai les bruits qui circulent, je crois que tu seras vengé !

Le fils franchissait la petite grille du champ des morts.

Il connaissait l'endroit où plusieurs tombes l'une contre l'autre, marquaient les sépultures des parents, des grands parents, des bisaïeuls.

Il était près de la porte ouverte, avant que l'on y eût descendu la bière.

Perrin n'osa point en approcher.

On le vit reprendre le chemin creux, puis filer à travers les terres, jusqu'au hameau dépendant du bourg. On savait qu'il courtisait la Flavienne, une fille dont on ne comptait plus les amants, mais qui lui résistait afin de se faire épouser, sûre que la Poinsot lui laissait ce qui lui restait, le moulin et quelques terres.

Le soir même courut dans le pays, le bruit que la Poinsot avait, deux heures avant de mourir, annulé le testament qui enlevait à son fils, au profit de Perrin, ce qui lui revenait de droit.

Un autre bruit courut aussi.

Comment prit-il naissance, puisque nul que le prêtre, le notaire et le Dr Moritz n'avait assisté aux derniers moments, et qu'aucun d'eux n'avait parlé.

Simplement peut-être par une réminiscence de l'événement qui agitait le pays, il y aurait bientôt cinq ans.

La condamnation du notaire Delhambre qui jusqu'au bout avait protesté de son innocence, juré sur sa femme et sur sa fille, qu'il avait remis les valeurs au meunier lui-même, en ce moment-là encore en parfaite santé.

L'apoplexie le frappait quelques heures plus tard.

Rentré à Poitiers, le tabellion constatait que le reçu le dégageant de ce dépôt n'était plus dans sa serviette.

Au lendemain de l'enterrement, réclamation de la veuve.

Arrestation, procès.

Ce qui eut pu être une décharge, se changea en une charge accablante.

Personne n'ayant présenté les titres à aucun guichet, le tribunal en conclut que le notaire les avait vendus pour son propre compte, en pensant pouvoir rembourser, avant que le meunier ne les réclamât.

— Mais que serais-je allé faire au moulin ? s'écriait le malheureux, autour duquel se rétrécissait, l'enserrant toujours davantage, l'accusation.

Et l'accusation répondait :

— Donner au meunier des explications, celle par exemple, de s'être livré à une opération qui augmenterait cet héritage d'un oncle de la Vienne, dont il était le dépositaire.

La veuve affirmait, sous la foi du serment, que cela s'était passé ainsi.

L'étude que Delhambre avait rachetée quelques années auparavant, périclitait par des malversations bien certaines cette fois de son prédécesseur, qui finissait par passer en Amérique.

Peu à peu, il la remettait sur pied.

Condamné à vingts ans de détention, l'étude revendue à vil prix, la veuve Poinsot en restant créancière, bénéficiait d'une cinquantaine de mille francs.

Mme Delhambre et sa fille, celle-ci âgée de treize ou

quatorze ans, absolument ruinées, disparaissaient du pays.

Telle était l'histoire.

Le notaire demandait la réclusion entraînant une réduction de deux années de peine.

La réclusion !

La cellule, l'isolement, une fois seulement par mois, une visite.

Une fois par mois, le droit d'écrire et de recevoir de la correspondance, correspondance exclusivement familiale.

Delhambre devait arriver bientôt au bout de sa peine.

Ah ! si cet infortuné pouvait être innocenté !

Pour tout le monde, Perrin savait la vérité.

Sans doute il avait les titres ; un jour il parviendrait peut-être à s'en défaire.

Quoiqu'il ne se livrât jamais, même après boire, une fois devant dix témoins, il prononçait ces paroles :

— Si c'est vrai que le notaire ait été volé, le voleur essayera peut-être quand Delhambre sortira de prison, de le faire chanter : qu'est-ce que vous me donnerez pour que j'envoie les valeurs au parquet avec une lettre d'excuse, en me laissant le temps de filer en Amérique... Je sais bien que si c'était moi, le voleur, c'est ce que je ferais !

Cette fois, il n'avait pas bu.

Très calme, regardant les uns ou les autres, de l'air le plus naturel, il ajoutait :

— Pourtant Delhambre a menti, la patronne ne lui a pas donné de reçu, puisqu'il ne lui a rien remis.

Peu de temps après ces propos, la discorde commençait à régner au moulin, entre la meunière et le garçon farinier.

Ce dernier, grand coureur, ne lui cachait pas ses bonnes fortunes.

Ce qu'elle craignait, c'était qu'il la quittât.

Si elle n'accepta pas tout, elle passa sur bien des choses.

Ce qu'elle n'accepta point, ce fut la liaison de son amant avec cette Flavienne, une espèce de fille perdue, une de ces beautés de villages qui reçoivent ou poursuivent les hommes au gré de leur caprice, portant aussi bien le désarroi dans les ménages, qu'elles désunissent les promis, mènent à boire ceux qu'elles désespèrent, sont enfin la terreur des honnêtes femmes.

La Flavienne, aujourd'hui près de la trentaine, dans un épanouissement que n'avait flétri aucun des travaux qui pèsent sur les campagnardes, et les font vieilles avant l'âge, aimait Perrin, un gars robuste plus jeune qu'elle de deux années. Elle avait aussi, et surtout, la volonté de quitter le pays, pour chercher ailleurs, sinon la considération, elle s'en moquait, mais l'argent.

Perrin n'avait pas la même figure qu'au départ, lorsqu'il regagna le hameau, où la maison blanche marquait d'une note claire, les habitations couvertes de chaume, groupées tout près.

— Déjà ! fit la Flavienne qui le vit arriver de sa porte, tu n'as fait qu'aller et venir.

— Tout juste !

— Je croyais qu'après l'enterrement, tu passerais chez le notaire.

— Je n'ai pas osé, ma foi !... Jules Poinsot est venu.

— Ah !

Un silence, après cette exclamation.

Elle demanda au bout d'un moment.

— Tu y passeras demain ?

— Je n'en sais rien.

— Attends donc que le notaire t'avise... ça vaut mieux.

Le lendemain, ni le surlendemain, le notaire n'avisa de rien.

Dans la maison blanche où grimpaient les roses, ce fut Flavienne qui revenant du bourg, rentra atterrée.

La meunière au dernier moment, avait fait déchirer son testament, en sa présence, par le notaire, mandé en même temps que le curé.

Son fils reprenait ses droits.

Les yeux sombres de la femme firent baisser le regard de l'homme.

— Tu t'y attendais ?

— Non.

— Je t'avais bien dit de ne pas la quitter.

— J'ai eu tort... moi présent, elle n'aurait rien défait.

— Nous voilà rivés ici... pour toute l'existence.

Il fit non de la tête.

— Parle donc ! ordonna-t-elle...

— Eh bien, la mère Poinsot, de la main à la main, m'avait donné des valeurs... Passons à l'étranger... depuis longtemps je me suis fait renseigner, on s'en débarrassera par là.

— Pourquoi ne pas s'en débarrasser chez nous ?

— On ne peut pas... On ne peut pas, maintenant que son fils est rentré dans ses droits... il mettrait le grappin dessus.

Les yeux noirs de Flavienne lancèrent une flamme.

— Dis donc, ce ne sont pas celles qu'on a accusé Delhambre d'avoir vendues ?

— Parbleu non ! il les avait bien vendues Delhambre. Sans ça, est-ce qu'il aurait été condamné ?

— Mais les cinquante mille francs de remboursement, qu'est-ce qu'elle en a fait ?

— Je te l'ai dit, le moulin était endetté, l'héritage de l'oncle au père Poinsot devait tout rétablir... La moitié n'a pas suffi.

— Enfin, te voilà gros Jean... Je n'ai pas confiance en tes actions.

Elle parlait d'un ton dur, toujours en le dévisageant.

Le sang monta à la tête du garçon farinier.

Puis il devint pâle.

— Pas besoin de te mettre en colère, fit-elle, montre-les moi, ces valeurs-là.

Il ricana.

— Quand tu me les auras montrées, j'y croirai, fit-elle.

— Enfin, partirons-nous ?

— Tu ne penses pas que je vais m'embarquer sans argent ?

Celui qui la montait, lancé en avant,
ne se relevait point (p. 79).

— Décidément, tu ne veux pas vendre ici ?

— Jamais ! c'est le patelin de mes vieux jours si je n'en ai pas d'autre... Je louerai, mais je ne vendrai pas.

— Alors... écoute-moi, je m'en vais quelques jours. Seulement j'espère... Si tu ne me revois pas, à moins que je ne te donne de mes nouvelles... c'est que je serai parti tout seul pour l'Amérique.

Malgré son empire sur elle-même, la Flavienne tressaillit.

Ses ardeurs de femme de trente ans s'étaient concentrées sur ce mâle robuste, qui l'aimait, elle le savait, jusqu'à commettre pour elle, si elle le lui eût demandé... peut-être un crime.

Et il y avait longtemps qu'il était pris, longtemps qu'il la suppliait, au moins quatre ou cinq ans.

D'autres amours l'accaparaient, et surtout l'idée d'un mariage avec un riche maquignon féru d'elle jusqu'à le lui promettre, dès que sa femme malade et condamnée, n'y serait plus.

Par miracle, la femme guérit, le maquignon se remit à son ménage.

Son but, comme celui de la plupart de ses pareilles, était manqué.

Sans abdiquer sa vie galante, elle reçut le Perrin.

On ne l'appela bientôt plus que la Périnette.

C'est ce qui avait engendré les disputes au moulin.

C'est ce qui faisait courir le bruit que lui poussait la meunière dans le ruisseau, où la roue la happait, et cela justement parce qu'il la tirait de là, sans appeler les gens, qui juste à ce moment passaient et ne s'arrêtaient qu'en entendant les cris de la femme.

Flavienne, sans essayer de rien tirer du garçon meunier, préférant, qui sait, ne rien savoir, ne lui en parlait point.

Elle voulait se marier, il était prêt à l'épouser, ce qui faisait différer le mariage, c'était l'héritage perdu.

Mme Poinsot prétendait-on, avait une maladie de cœur, une émotion pouvait l'envoyer *ad patres*.

Ce n'était pas la maladie de cœur qui l'emportait.

Perrin, debout devant la fenêtre donnant sur le jardin, la figure crispée, regardait dehors.

Elle, sentait le sang gonfler sa bouche ardente.

Le fonds d'honnêteté qui lui faisait repousser certaines compromissions, ne devait pas prendre le dessus.

Elle jeta ses bras au cou de son amant, murmurant avec une sorte de rage :

— Tu sais bien que j'irai où tu iras, nous ne pouvons plus nous séparer !

— Alors, tu me rejoindras, ou je reviendrai te chercher.

— Oui.

X

A deux jours de là, Perrin, une valise à la main, allait prendre le train le matin à la gare située à égale distance du hameau et de Bourg-en-Seine, lorsque deux gendarmes, sortant d'une salle d'attente, le prièrent de les suivre à Fontainebleau.

Un des gendarmes sortait quelque chose de sa poche, qui ressemblait fort à un « cabriolet ».

Perrin prit sa course le long de la voie.

On le vit traverser une prairie et se jeter dans un bois.

Perrin, dès la nuit même, retournait dans la maison blanche, où Flavienne ayant su l'incident qui courait de suite le pays, veillait dans l'angoisse.

Une grande ombre rasa le mur noir du jardin.

Flavienne entr'ouvrit la porte, aussitôt poussée.

C'était lui.

— Malheureux ! Comment rentres-tu ici... Ils viendront t'y prendre.

— Ils me prendront ici, moins qu'ailleurs... ils ne penseront pas que j'ai eu le culot d'y revenir.

— Tu ne peux pas y rester toujours...

— Une nuit, je m'en irai... déguisé... ma moustache rasée...

Il s'abattit tout habillé sur le lit, ferma aussitôt les yeux, et comme une brute, dormit jusqu'à huit heures du matin.

Flavienne avait ouvert sa maison ainsi que d'habitude.

Elle était allée, comme chaque matin, chercher son lait.

Elle venait de rentrer, quand le cabriolet du Dr Moritz tourna un coin de route.

Le cheval gris-pommelé, qui depuis pas mal d'années se partageait les visites aux malades, avec la jument baie, s'arrêta devant le perron.

Une motocyclette y arrivait en même temps. Le docteur mit pied à terre, Fernand Moritz, son petit-fils; une jeune femme après lui descendait de la motocyclette.

Après avoir noué la bride du cheval, à la rampe du perron, il monta aussi, les degrés.

Tous trois n'eurent qu'à passer le seuil ouvert.

Etonnée, muette, la maîtresse du lieu les regarda.

Le vieux médecin l'avait connue enfant, il avait soigné sa mère, morte seulement deux ans plus tôt.

— Tu t'étonnes, Flavienne, dit-il, de me voir chez toi... il y a de quoi, ma fille... et de m'y voir surtout, avec cette jeune femme, avec mon petit-fils...

— Pour sûr, monsieur le Docteur.

— C'est par intérêt pour toi, car la vérité de toute façon, ne peut manquer de se faire jour... C'est aussi parce que je suis certain qu'elle sera connue très rapidement cette vérité, que je veux te donner le temps de sortir d'une vilaine affaire... Je dis, le temps, il va passer comme l'éclair... La justice est saisie... Ne te fais pas la complice de Perrin.

— De Perrin... quelle complice ?...

— Tu sais bien ce que je veux dire, Flavienne.

— Non, je ne sais point.

— Tu ne sais point qu'un notaire, un honnête homme a été, il y aura bientôt cinq ans, condamné pour abus de confiance, pour détournement des fonds qui lui avaient été confiés... Tu ne sais point que le reçu des valeurs qu'il avait bien remises à son propriétaire, lui fut volé par un misérable qui voulait se les approprier... Qu'il ne put rien en tirer, des oppositions ayant été mises de suite, que ce misérable avait une complice... que cette complice à son lit de mort, a tout révélé... et que Perrin, s'il n'est pris aujourd'hui, sera pris demain.

Flavienne pâlissait toujours.

Son regard inconscient se fixa sur la porte de sa chambre.

— Perrin est là ! fit le vieillard, énergique, résolu.

Elle serra les lèvres.

— Voilà la fille du malheureux qui achève la peine à laquelle l'a condamné l'injustice des hommes... sa femme est morte... mais sa fille veut la réhabilitation de son père... Tu peux l'y aider.

Le regard de la ribaude se tourna vers la pâle et douce créature, qui venait de joindre les mains.

Elle murmura :

— Sa fille !

— Nous avons la confession de la veuve Poinsot, à son lit de mort... Me Cornu l'a enregistrée après avoir annulé le testament qui déshéritait son fils... Elle accuse formellement Perrin... que Perrin me remette les valeurs qu'il a emportées, et je le laisse partir... Autrement... S'il tente de s'évader.

Le vieux docteur sortit de sa poche un revolver.

Son petit-fils en sortit un de la sienne, d'un bond fut dans le jardin, se plaçant devant la fenêtre de la chambre que le garçon meunier était en train d'ouvrir.

Ce dernier recula.

Au travers de la porte, Flavienne suppliait :

— Perrin, rends les valeurs... tout de suite... M. Moritz promet qu'on te laissera partir...

« Où sont-elles ?

Elle allait tourner la clé dans la serrure.

— N'ouvre pas, et donne, moi cette clé... Il est mon prisonnier... en attendant que les gendarmes le joignent cette fois... articula le docteur.

Il élevait la voix, de façon que l'autre entendit, comme il avait du reste entendu, ce qui les précédait.

Subjuguée « la Périnette » remit la clé.

Son amant se taisait.

Elle supplia encore :

— Dis où sont les papiers... où as-tu mis la valise que tu as emportée ?

— Me laissera-t-on partir ?

— Je te le jure ! prononça la voix forte du médecin.

Aussitôt que nous les aurons, tu seras libre... Mon petit-fils te fait cadeau de la motocyclette qu'il a laissée devant le perron... Tu pourras t'en aller au diable, les gendarmes auront le temps de courir.

Une demi-minute de silence.

La voix, à la fois désemparée et furieuse, articula :

— J'ai jeté la valise, dans la fosse à purin, au fond du jardin.

— Je cours la chercher, dit Flavienne.

Le temps qu'elle mit à revenir, parut long.

Lorsque la valise qui n'était pas fermée à clé fut ouverte, toute dégouttante de purin, lorsque le coffret, dont le couvercle se soulevait en poussant sur un bouton, ouvert également, montra les titres, entourés d'une espèce de parchemin, qui les avait préservés de l'humidité, parchemin ayant appartenu, à la meunière, laquelle voulait leur conservation, Yette eut un grand cri, en tombant dans les bras du vieux médecin.

Fernand avait quitté sa faction devant la fenêtre.

La porte de la chambre s'ouvrait devant Perrin.

La peur et la rage se lisaient dans ses yeux.

Le revolver du petit-fils, le tint en respect pendant que le grand-père, soutenait la jeune femme.

Flavienne s'appuya au chambranle de la porte, pour le voir enfourcher la motocyclette.

Elle regarda filer sur la route.

Mais tout à coup, elle aussi, jeta un grand cri.

La moto, à un coude de cette route, faisait une embardée.

Celui qui la montait, lancé en avant ne se relevait point.

Elle courut...

Celui-là c'était, qu'il fût ou non, un misérable, l'homme qu'elle aimait.

Une auto passait, qui s'était arrêtée.

On relevait un blessé qu'elle fit transporter chez elle...

Le soir même, le facteur remettait à la ferme des Acacias, une lettre pour Mme Debreuil, que sa concierge à Paris, avait fait suivre.

Yette avait donné ce nom partout.. L'enveloppe ne portait aucune indication.

L'en-tête de la feuille qu'elle contenait, donna à la jeune femme, si heureuse depuis le matin, une secousse que les quatre lignes d'écriture changèrent en un long gémissement.

PRISON DE POISSY

Père mort, congestion pulmonaire.

Pour le Directeur,

***

La petite Yette fut trois mois, chez le Dr Moritz, à Bourg-en-Seine.

Fièvre cérébrale, dont la convalescence fut longue.

Jacques avait tout quitté pour la veiller.

Il savait maintenant, le secret de la pauvre petite...

Que de pardons il lui demandait, pour les impatiences qu'il avait pu avoir, pour le chagrin qu'elle lui avait causé...

« J'ai juré à maman... tous les premiers dimanches du mois... tu sauras tout, un jour, aie confiance je t'en prie... Jacques tu me fais mal... »

Elle allait voir son père, ce premier dimanche du mois.

Jacques a conservé sa petite Yette, le mariage consenti par ses parents, a légitimé leur amour.

Il s'est établi à Paris.

A Bourg-en-Seine, Fernand Moritz qui a épousé Nicole Darembet, est en train, et avec succès, de refaire la clientèle de son grand-père.

Deux ans, pour que le procès en revision vînt rendre au notaire Delhambre, l'honneur que l'arrêt d'un jury lui avait pris.

La Flavienne a volé à d'autres amours, elle ne veut plus d'un galant, qui a « encaissé » plusieurs années de prison, et qui a les deux jambes cassées, un boiteux à présent.

FIN

POUR PARAITRE VENDREDI PROCHAIN :

Vous aussi, vous avez aimé!

par J. LUTHY

— *Mais non, Mlle Manette, cette robe ne peut m'aller, la ligne, d'ailleurs, n'en est pas gracieuse, ces drapés sont trop étoffés; montrez-moi autre chose qui me dégage davantage, je n'ai que vingt-deux ans et ne tiens pas à me vieillir...*

— *Mme la comtesse exagère...*

— *Encore!... Vous êtes assommante...*

— *Mais...*

— *Combien de fois faudra-t-il donc vous dire, qu'ici, je ne veux pas que vous me donniez mon titre?...*

— *C'est que... madame...*

— *Ça vous gêne!...*

(A suivre.)

www.ingramcontent.com/pod-product-compliance
Lightning Source LLC
LaVergne TN
LVHW012224170726
843503LV00005B/2248